高校主题出版

红
色
弄
堂

红色弄堂

张晓栋◎著

华东师范大学出版社
·上海·

前　言

　　弄堂是上海独特的城市景观。弄堂之于上海，就如同血管之于人体。

　　要是一个人到了上海而没有去上海的弄堂里走一走，那一定是遗憾的。只有走进上海的弄堂，才算是浸入上海的生活，才能领略到这座城市的精气神，发现一茶一饭中蕴含的海派文化的真谛。

　　20世纪20年代，中国共产党在上海的弄堂里诞生。从此，红色的基因在四通八达的弄堂里蔓延开去，不仅在海派文化中扎下根来，还成了海派文化的"魂"。星星之火，毕竟是燎原了。回顾这段历史，可谓是"作始也简，将毕也钜"。

　　本书所选取的35条弄堂中都有中国共产党人早期在上海进行革命活动的旧址或遗址，其中一部分已经成为纪念馆对公众开放，也有一部分还是作为普通民居默默地存在，另有一部分则由于历史的原因已不复存在。笔者将按照时间顺序来介绍这些上海弄堂。各旧址之间不一定存在关联，但笔者将尽可能地将其联系起来，同时说明中国共产党选取这一地址进行革命活动的历史原因。此外，笔者还将尽可能详细地介绍每条弄堂的存在年代、历史、人文地理环境等，使读者深入其境，以更好地了解红色文化和海派文化的存因关系，明白中国共产党诞生于上海的历史原因。

笔者对书中提到的全部革命活动旧址或遗址都进行了实地走访调查，并在文献考证等科学研究的基础上勘正了一些史料的错误，补充了一些新发现。

将红色文化与海派文化结合起来进行研究解读，对上海这个中国共产党的诞生地有着巨大的历史意义，这也是笔者撰写本书的初心。

老渔阳里，红色征程的起点
——《新青年》编辑部旧址、中国共产党第一次全国代表大会筹备处和会议期间的秘书处旧址／1

民厚南里，毛泽东的人生转折点
——1920年毛泽东旧居／8

成裕里，首部"红色经典"的诞生地
——又新印刷所旧址／15

新渔阳里，红色青年的舞台
——中国社会主义青年团中央机关旧址／21

吉利坊，马克思主义的宣传阵地
——新青年社总发行所旧址／28

延庆里，静谧中酝酿开天辟地
——中国共产党第一次全国代表大会代表宿舍旧址、博文女校旧址／34

树德里，中国共产党的诞生地
——中国共产党第一次全国代表大会旧址／41

辅德里，在小寓所里闹大革命
——中国共产党第二次全国代表大会旧址、平民女校旧址／49

兰发里，点亮一盏指路明灯
——《向导》发行所旧址／55

三曾里，小弄堂里有个指挥部
——中国共产党第三次全国代表大会后中共中央局机关遗址／60

振业里，红色思想传播处
——上海书店遗址／65

朱依里，红色青年们发出呐喊
——《中国青年》编辑部旧址／70

甲秀里，毛泽东的上海岁月
——上海毛泽东旧居／74

华兴坊，五卅运动中发出正义之声
——热血日报社遗址／79

迎春坊，小旅馆中的大转折
——五卅运动秘密指挥部遗址、"九月来信"的诞生地／85

安慎坊，"红色声音"指挥部
——中共中央宣传部遗址／92

亨昌里，重新燃起革命之火
——《布尔塞维克》编辑部旧址／97

修德坊，"红色之剑"出鞘

　　——中共中央特科机关旧址／103

柏德里，小弄堂里的"中央办公厅"

　　——中共中央政治局联络点遗址／109

春晖里，白色恐怖下恢复红色出版

　　——协盛印刷所遗址、李克农旧居遗址／114

遵义里，隐蔽在十里洋场的"红色堡垒"

　　——中共中央秘书处机关遗址（一）／121

望德里，中央与地方的红色纽带

　　——中共中央秘密联络点遗址／125

丽云坊，白色恐怖下的英勇斗争

　　——中共中央组织部遗址／131

永安里，高级员工宿舍中传出革命强音

——中共中央联络处旧址、周恩来在沪早期革命活动旧址／135

清和坊，市中心的"红色枢纽"

　　——中共中央与中央军委联络点旧址／141

恒吉里，中央领导看文件的地方

　　——中共中央秘书处机关（阅文处）旧址／146

善庆坊，隐蔽在十里洋场的"红色堡垒"

——中共中央秘书处机关遗址（二）／151

经远里，军史丰碑地

——中共中央军委机关旧址／155

福康里，小楼里传出"永不消逝的电波"

——中共中央第一座无线电台遗址／162

四成里，"听风者"训练营

——中共中央早期无线电训练班旧址／167

祥康里，油墨飘香传递党的光亮

——中共中央秘密印刷厂旧址／174

慈德里，为了忘却的记念

——东方旅社遗址／179

惠民里，刘少奇的上海岁月

——刘少奇旧居／183

斯盛里，毛氏兄弟落难上海

——毛岸英、毛岸青暂居地遗址／188

合兴坊，小楼里藏着党的"一号机密"

——中共中央文库遗址／193

后　记／199

老渔阳里，红色征程的起点

《新青年》编辑部旧址、中国共产党第一次全国代表大会
筹备处和会议期间的秘书处旧址

建成时间：1912 年　　地址：南昌路 100 弄　　式样：旧式里弄

南昌路100弄原称渔阳里，建于1912年，为老式石库门建筑，有其他石库门建筑少见的弧形墙体，朝南原安装有木质

★ 南昌路街景

★ 上海科学会堂

★ 复兴公园

百叶窗。弄内东侧为100弄的建筑，有砖木结构两层住宅八幢，西侧则属于102弄的园村，是后来建的新式花园洋房。这种一弄二号的布局在上海的弄堂中比较少见。在渔阳里建成的年代，此地尚不属于法租界。南昌路是法国人越界筑路的产物。南昌路100弄对面建有法国总会（后迁至茂名南路），后又成为法国学校，现为上海科学会堂。今雁荡路以西的南昌路，早先被命名为"环龙路"。环龙是一名法国飞行员，因飞机失事而殒命。今雁荡路以东的南昌路曾被命名为"陶尔菲司路"。同一时期，法租界公董局还在南昌路的南面建了一座郁郁葱葱的"顾家宅公园"，也就是现在的复兴公园。1914年，法租界向西扩张，这块法国人觊觎已久的地方被正式并入法租界，成为法租界范围的最后一部分。

渔阳里向北，通霞飞路（今淮海中路），与霞飞路上稍后建成的新渔阳里双弄相通且平行，这也是上海少见的弄堂布局。由于其后来的大业主名字中有"铭德"二字，故此二弄在很长一段时间内都称"铭德里"。虽然二弄的弄口一南一北，但其在霞飞路上的弄口是并排的，所以也被称作"东铭德里""西铭德里"，现在一般以"老渔阳里""新渔阳里"作区别。

在法租界公董局越界筑路前，渔阳里一带（从今雁荡路到今思南路）水网密布，其地理环境类似湿地。彼时，远在法国的音乐家马思南刚刚去世，公董局就把今思南路命名为"马思南路"。解放后，上海的路名大多改用全国各地的地名。将"马思南路"改为"思南路"，除了"思南"是贵州省铜仁市一个下辖县的名字这一原因外，是否还因为"思南路"与原路名"马思南路"相近呢？这就不得而知了。

老渔阳里可不是个平凡的地方，中国近代史上许多有名的人物都住过这条弄堂。老渔阳里2号曾是柏文蔚旧居。柏文蔚（1876—1947），安徽寿州人，曾任安徽都督、国民革命军军长。他与陈独秀为同乡，私交极佳，所以陈独秀来沪后也住在这里。老渔阳里5号曾是陈其美故居及中华革命党上海总机关部。陈其美于1916年5月18日被人暗杀。老渔阳里7号为杨杏佛故居，他是1925年才入住的，所以与陈独秀他们在这里没有交集。老渔阳里8号是国民党元老叶楚伧

★ 老渔阳里 5 号

★ 老渔阳里 7 号

★ 老渔阳里 8 号

旧居。

陈独秀到上海后被柏文蔚安置在老渔阳里2号的楼上，楼下就成了《新青年》的编辑部。稍后，新青年社总发行所被安排到今金陵东路279号。这样，新青年社又完全回到了上海。

然而，老渔阳里2号显然还承担着更重要的历史使命。1920年5月，毛泽东来上海，在此与陈独秀会晤，开始接受马克思主义；8月，陈独秀、李达、李汉俊、陈望道等在此组建上海共产党早期组织，由此展开了一系列的革命活动，其中最重要的就是召开中国共产党第一次全国代表大会。当时，共产国际的代表马林也经常来此，与陈独秀等人讨论大会的筹备工作。当1921年7月中国共产党第一次全国代表大会在望志路106号正式召开时，这里就成了会议期间的秘书处。1921年9月陈独秀从广州回上海后，此处又成为党中央

★《新青年》编辑部旧址、中国共产党第一次全国代表大会筹备处和会议期间的秘书处旧址（老渔阳里2号）

的办事机关所在地，也是中央局机关成员陈独秀、李达、张国焘日常聚会、办公的地方。

陈独秀在老渔阳里2号曾有过两次危险遭遇。一次是在1921年10月4日，陈独秀及其夫人高君曼以及杨明斋、柯庆施和来找周佛海的包惠僧都在这里被法租界巡捕房拘捕。先行离去的周佛海受马林之托，于当天黄昏携马林的信再到老渔阳里时，在敞开的后门口看到一个陌生的大汉，他用山东口音问周佛海："你找谁？"周佛海见势不妙，谎称："找陈先生。"山东大汉回答："他不在家。"周佛海立即退出，逃过一劫，随即到辅德里报信。不久，陈望道探听到消息，也到辅德里报告，并确认了留在老渔阳里2号的人都被捉到法租界巡捕房的消息。当时，租界巡捕房里的华捕有很大部分是从山东招来的，后门那个大汉实际上就是法租界的巡捕。后经大家全力营救，高君曼在开庭后最先获释，三天后陈独秀获释，第五天，杨明斋、柯庆施、包惠僧也获保释。

另一次是在1922年8月，陈独秀又被法租界巡捕房拘捕，虽然再次被成功救出，但一切都表明这里已经被租界当局严密监视，非常危险。于是，党中央机关和陈独秀离开了老渔阳里2号。不仅如此，这两件事使中国共产党对法租界的安全性产生了怀疑。此后，党的重要机关在选址时很少再选择法租界了。

★《新青年》

民厚南里，毛泽东的人生转折点

1920 年毛泽东旧居

建成时间：1912 年　地址：延安中路 1238 弄　式样：旧式里弄

民厚南里，后名"慈厚南里"，也名"友谊里"，在今铜仁路和今常德路之间、今延安中路的北面，近1899年公共租界扩张后的西南部边缘，其南与华界（当时此地尚未被划入法租界）隔着长浜相望，其西过赫德路（今常德路）即可到公共租界边缘的海格路（今华山路）。民厚南里的东面是哈同路（今铜仁路），路东就是哈同的爱俪园，即今上海展览中心所在的位置。民厚南里的西面是赫德路，20世纪20年代，上海电车公司在此建有电车场，40年代，张爱玲在其小说中就有所提及，因为她当时就住在爱林登公寓（今常德公寓），可以俯瞰整个电车场；再往西，在静安寺的南边，就

★ 常德公寓

★ 上海展览中心

★ 爱俪园手绘图

★ 安义路街景

是静安寺外国公墓。

旧时，民厚里一带的地产属于哈同。这个英籍犹太人于清宣统二年（1910年）在这里建造了一批石库门住宅，共计203个单元，占地约25亩，建筑面积21733平方米。1912年工程竣工后，此处遂被命名为"民厚里"，后改为"慈厚里"。这片建筑在爱俪园的西侧，北至今南京西路，南至今延安中路。民厚里的占地面积很大，安南路（今安义路）贯穿其间。安南路以北为民厚北里，安南路南为民厚南里。民厚南里从北到南总共有七条弄堂，东西则分为总弄和西弄两条，是一个有规模的成熟居民区。

1920年5月5日，毛泽东来到上海，就居住在民厚南里29号（今安义路63号）。这是一幢砖木结构的两层楼房，临安

★ 1920 年毛泽东旧居（历史照片）

南路，楼上是卧室，楼下是兼用房。毛泽东当时的生活费不
多，他与同伴一起生火做饭，生活十分俭朴。从现有的文献
资料知道，他到达上海的第三天，即5月8日，就参加了在今
半淞园路上召开的新民学会会议，史称"半淞园会议"；到
上海的第四天，即5月9日，他在法租界外滩码头（今中山东
二路、延安东路和金陵东路之间）送别了六位赴法勤工俭学

的新民学会会友。毛泽东在民厚南里居住期间发起成立了"湖南改造促成会"，并在报刊上发表《湖南改造促成会发起宣言》《湖南建设问题的商榷》《湖南人民的自决》等文章。当时，陈独秀已入住老渔阳里，毛泽东曾到老渔阳里2号与陈独秀畅谈。通过这些活动，毛泽东在思想上、理论上都有了一个质的飞跃，转变为一个坚定的马克思主义者，这也为一年后他代表湖南参加中国共产党第一次全国代表大会打下了坚实的基础。

此次访沪，毛泽东从5月5日抵达，至7月初离开，虽然不是第一次到上海，但民厚南里29号是至今发现的他在沪最早的寓所，而且旧址尚存，这是相当难能可贵的。

像民厚南里这样的建筑物本身状态尚佳的住宅区，在20世纪20年代前的上海并不多见，所以有许多名人曾在此居住。成仿吾于1923年居住在此，郭沫若带着家眷来沪时就和他住在一起，他们在这里和郁达夫共同讨论出版《创造周报》的事宜。1923年10月11日，暂住沧州饭店（其旧址在今南京西路陕西北路西南）的胡适在徐志摩、朱经农的陪同下一起到民厚南里121号看望郭沫若，巧遇过田汉和成仿吾。

1924年12月下半月，中共中央宣传部曾驻民厚南里。

1931年4月24日，顾顺章在汉口被捕叛变，在南京潜伏的钱壮飞在获知消息后先让女婿来沪报警，随后离开南京，亲自来沪向周恩来紧急报警，随后暂时隐藏在上海，就住在民厚南里的地下工作者李宇超、刘淑琴夫妇的家里，后撤往苏区。

　　民厚里的其他建筑在21世纪初经旧里改造，其址现在为商业综合体"上海静安嘉里中心"，唯有安义路63号，因是毛泽东旧居而被单独保存下来。

★ 上海静安嘉里中心

成裕里，首部"红色经典"的诞生地

又新印刷所旧址

建成时间：约1910年代　地址：复兴中路221弄　式样：旧式里弄

成裕里一带于1914年法租界西扩时被划入法租界。成裕里是法国天主教会的产业，其弄口在今复兴中路顺昌路的西南角。复兴中路原来是通老城厢的肇浜，大约在1918年时填埋筑路，名"辣斐德路"，而近顺昌路的这一段当时尚待开发，其周边环境从顺昌路的原路名"菜市路"便可以想象。成裕里南面的顺昌路330号，在20世纪20年代中期曾经开过一家大名鼎鼎的工厂——天厨味精厂，而又新印刷所比它还早诞生数年。成裕里西临贝勒路（今黄陂南路），与中共一大会址仅隔一条西门路（今自忠路），离博文女校也非常近。

　　1920年8月，在复兴中路221弄成裕里向里第5排的12号

★ 今复兴中路顺昌路口

★ 顺昌路街景

诞生了一家小型的印刷厂。就是这家小小的印刷所，印出了后来影响深远的一本书——《共产党宣言》中译本。这本书是由邵力子举荐的陈望道翻译的。1920年2月，陈望道刚从日本留学回来，就受上海《星期评论》周刊之邀翻译此书。当时，除了《共产党宣言》日译本之外，他还有陈独秀提供的北京大学图书馆馆藏的英译本。带着这些相关资料和词典，陈望道回到义乌老家，开始了艰苦的翻译工作。但是，等到他全部翻译完成后，出版突然成了问题。原来，《星期评论》因发表了许多激进的文章而引起了当局的注意，被严密监控，最后被迫停刊。《共产党宣言》对共产主义在中国的传播，对中国共产党的成立，都至关重要。陈独秀紧急与

★ 陈望道像

当时在沪的共产国际代表维金斯基商量，最后决定自己开办印刷厂出版此书。于是，法租界辣斐德路的成裕里12号诞生了一家名叫"又新"的印刷厂，所印制的第一本书就是《共产党宣言》的中译本。

这其中还有一段小插曲。由于是新开办的印刷厂，"又新"在校对方面欠缺经验，且印刷工作是秘密进行的，印刷时误把封面书名中的"产"和"党"的位置颠倒了。好在，第一版迅速售罄，再版时改正了这个错误，又印了1000册。而错印的书名就成了辨别一本《共产党宣言》中译本是否是初版的一个显著标志。目前，初版的存世量极少，都保存在殿堂级的博物馆中。

由于陈望道很好地完成了《共产党宣言》的翻译工作，得到了陈独秀的青睐，陈独秀毫不犹豫地将从北方移回上海

★ 又新印刷所印的第一版《共产党宣言》　　★ 又新印刷所印的第二版《共产党宣言》

的已获盛名的《新青年》杂志的编辑重任交给了他。对于此事，参与《新青年》编辑工作的某些同志颇有微言，但陈独秀用人不疑，坚持用陈望道，最终造就了《新青年》的一段辉煌伟业。

又新印刷所还印刷了《马克思资本论入门》等马克思主义的普及读本，是中国最早的马克思主义宣传机构之一。

成裕里12号又新印刷所旧址尚存。

★ 又新印刷所旧址手绘图

新渔阳里，红色青年的舞台

中国社会主义青年团中央机关旧址

建成时间：1915 年　地址：淮海中路 567 弄　式样：旧式里弄

今淮海中路567弄原称"新渔阳里"，原来与南昌路100
弄的老渔阳里是相通的。如本书第一篇《老渔阳里，红色征
程的起点》中所介绍的，这两条弄堂都曾名"铭德里"，有
一定的渊源。新渔阳里的建成比老渔阳里晚三年，弄堂口都
对着在上海与南京路比肩的重要商业街——霞飞路（今淮海
中路）。霞飞是法国元帅和军事家。1915年，法租界公董局
用他的名字为1906年命名的宝昌路重新命名。宝昌曾任法租
界公董局的总董，还曾五次出任公董局董事会董事。但是，
1915年正值第一次世界大战期间，是军人更能赢得尊重的时
代。这条马路后来又改名"林森中路"。1917年，俄国爆发

★ 淮海中路街景

十月革命，后又爆发数年内战，大批白俄人于20世纪二三十年代逃至上海，入住霞飞路，霞飞路由此繁荣起来，成为法租界最繁华的地段，以致现在一讲到法租界，人们就只知道老卢湾区的淮海中路，却将法租界最早热闹起来的黄浦区金陵东路一带忘得一干二净。

新渔阳里的弄口就是一个丁字路口，"丁"字的竖钩处即今成都南路。沿着成都南路朝北走，大约三五分钟，便能到达同一年代建造的辅德里。在1915年时，两处中间还隔着一条长浜，但五年后的1920年，这条长浜被填埋，所以两处走动起来应当十分便捷。而从新渔阳里到老渔阳里，更是只要在弄内穿行即达。这就让人们对三处之间的联系产生了十分丰富的想象。1920年，陈独秀已经入住老渔阳里2号，但李达他们要到第二年才租下辅德里625号。所以，新渔阳里在1920年仅是在弄内向南，与老渔阳里发生关系，而在1921年辅德里成为中共早期的重要办公机构后，新渔阳里则成了老渔阳里和辅德里之间的桥梁。

新渔阳里6号原来是戴季陶的居所。戴在早年间也曾参与社会主义运动，但稍后即与马克思主义分道扬镳。大浪淘沙，有些人离开了，有些人进来了。年轻人在这里做出人生的选择。中国共产党建党前的重要人物都在新渔阳里出现过，如陈独秀、共产国际代表维金斯基等，而俞秀松、李汉俊、陈望道、沈玄庐、施存统、袁振英、叶天底和金家凤更是于1920年8月22日在此发起成立了上海社会主义青年团，

★ 中国社会主义青年团发起者（中国社会主义青年团中央机关旧址纪念馆内浮雕墙）

团中央机关也设在这里。

为了掩护这里的革命活动，在1920年9月间，这里成立了一个公开的学校——外国语学社，学校的招生广告刊登在1920年9月30日的《民国日报》上，广告的发布者即是新渔阳里6号的新主人杨明斋。

★ 外国语学社的招牌

杨明斋生于1882年，1901年即到海参崴（现符拉迪沃斯托克）打工谋生，1908年以后在西伯利亚地区积极参加布尔什维克党领导的工人运动，在十月革命前就接触了马克思主义，加入了列宁领导的布尔什维克党，后在莫斯科东方劳动者共产主义大学系统学习马克思列宁主义，是中国共产党创立时期著名的革命活动家。当时，他受组织委托，培养一批懂得俄文的青年，为组织输送青年干部，外国语学社只是其计划的一部分，但从结果来看却是硕果累累：大约有30多名学生在这里经过学习，成长为中国共产党早期的精英骨干，其中包括刘少奇、罗亦农、任弼时、萧劲光、王一飞、汪寿华等。但是，此处因革命活动频繁而引起了法租界巡捕房的注意，于1921年4月29日被查封。

现在，这里已建成中国社会主义青年团中央机关旧址纪念馆。

★ 外国语学社教室（中国社会主义青年团中央机关旧址纪念馆内景）

★ 中国社会主义青年团中央机关旧址（新渔阳里6号）

★ 新渔阳里外景外观

吉利坊，马克思主义的宣传阵地

新青年社总发行所旧址

建成时间：约 1910 年代　地址：金门路 4 弄、8 弄　式样：旧式里弄

　　金陵东路是上海最早被划入法租界的路段之一。上海法租界始设于1849年，是第一次鸦片战争后中国沦为半殖民地半封建社会的产物。最早的法租界，东起今金陵东路外滩，西至关帝庙褚家桥（今西藏南路附近）。原先，金陵东路名"领事馆路"或"公馆马路"，因为法国驻沪领事馆、管理租界的法租界公董局都设在这条马路上。进入20世纪后，这条马路两旁的建筑皆仿照法国在东南亚殖民地的建筑式样，筑成了非常有特色的骑楼，即使下雨也不会妨碍路人行走，商店也能照常营业。当时，这是法租界最繁华的马路，一度与大马路（今南京路）媲美，被叫作"法大马路"。这条路

★金陵东路上的骑楼

也是法租界中极少数不曾用法国人名命名的马路。

金陵东路279号是街面房，和上海的其他街面房一样，其后门也通某一条弄堂，这条弄堂就叫吉利坊。吉利坊不长，近弄底的吉利坊3号就是金陵东路279号后门的门牌号。吉利坊的弄口在今金门路上。今金门路与由中国商人出资修筑的北门路（今河南南路）平行，北通今人民路，南通今金陵东路，是上海最短的马路之一，在法租界设立之初便已存在，曾叫"典当街"。又因为对面法租界公董局的院子里曾立有法国远征军海军司令卜罗德的塑像，而卜罗德在上海南桥作战时被太平军击毙，所以今金门路一度也称"卜罗德路"。

当时，金陵东路279号的对面正是19世纪60年代建造的

★ 法租界公董局老大楼手绘图

★ 法租界公董局原址现为上海市公安局黄浦分局

法租界公董局老大楼，也是法租界总警局的所在地。此地原属泉漳同乡会，后因公董局老大楼的顶端设有一只自鸣钟而被叫作"大自鸣钟"。这个"大自鸣钟"与后来普陀区的"大自鸣钟"完全不是一个地方。法租界公董局的北面临着英法租界的界河洋泾浜。北门路洋泾浜上的桥叫三茅阁桥，因清初时桥南有座三茅阁道观而得名。

在20世纪20年代初，新青年社总发行所选址在此处，可谓是大胆之举。

《新青年》杂志在上海创刊，在北京发展壮大，通过亚东图书馆当家人、陈独秀的同乡汪孟邹介绍，由陈氏兄弟的群益书社出版发行。后来，亚东图书馆也发行包括《新青年》在内的北大出版物。随着五四运动的爆发，陈独秀的思想产生了质的飞跃，于是在办刊方向上与其他同仁发生了严重的分歧：陈独秀逐渐使《新青年》成为宣传马克思主义的

★ 新青年社总发行所旧址

思想阵地，而胡适等人主张少谈些"主义"；同时，陈独秀与群益书社也矛盾重重，一方面是书社固步自封，跟不上形势的发展，另一方面是双方之间有着难以解决的经济问题。于是，《新青年》在第七卷第六号出版后即与群益书社分手，陈独秀将《新青年》编辑部迁回上海，另起炉灶，成立新青年社，自办《新青年》，而新青年社总发行所就选址在金陵东路279号。

新青年社总发行所是中国共产党诞生之前成立的第一个出版发行机构。1920年9月1日，《新青年》第八卷第一号正式出版，其业务重担由陈独秀的安徽老乡苏新甫一肩挑起，其编辑人员现在看来全都是大名鼎鼎的人物，包括陈独秀、陈望道、李汉俊、李达、沈雁冰、袁振英等。这个时候，马克思主义已经在中国开始传播，而《新青年》无疑是其最主要的宣传阵地。在主发《新青年》杂志的同时，新青年社总发行所还推出了一系列的宣传马克思主义的书籍，如《社会主义史》《劳动运动史》等，更创办了以产业工人为主要读者对象的《劳动界》。这些书籍和刊物使上海成了新思想、新理论的主要策源地和传播地，在全国起到了强烈的示范作用。一时间，各种宣传马克思主义的书籍的出版在全国上下形成燎原之势。

由于此时中国共产党尚未成立，未有严格的组织行为为新青年社保驾护航。虽然陈独秀在为新青年社总发行所选址时已有意识地选择了警力相对薄弱的法租界，但或许是欠缺斗争经验抑或是对上海不熟悉，他竟选在了法租界总警局的对面；更令人吃惊的是，新青年社总发行所竟然不是一个秘密机构，而是一个公开的发行机构，一度热闹非凡，青年学生和工人经常光顾。

★《新青年》

其实，法租界在1914年急速扩张时就已向袁世凯承诺会在革命党人的问题上全力配合北京政府。因此，当法租界当局发现新青年社总发行所这个激进机构时，立刻毫不犹豫地加以干涉。

1921年2月，在《新青年》杂志第八卷第六号排印时，金陵东路279号门口和吉利坊弄口突然布满了法租界的警探，他们搜走了机器上在印的全部稿件，其他一些进步书籍也被禁止印制和出售。新青年社总发行所被查封。至此，《新青年》杂志在上海的光辉岁月被迫中止。

《新青年》杂志迁回上海，是五四运动反帝反封建的要求。在革命向前进一步发展的过渡阶段，马克思主义的传播已为其政治组织的诞生奠定了基础，中国共产党的成立顺理成章，已成为大势之趋。

所幸的是，金陵东路279号新青年社总发行所旧址历经百年，依然留存至今。

延庆里，静谧中酝酿开天辟地

中国共产党第一次全国代表大会代表宿舍旧址、
博文女校旧址

建成时间：约 1910 年代　　地址：太仓路 121 弄　　式样：旧式里弄

白尔路389号，即今太仓路127号，属延庆里。太仓路是一条不太宽的马路，在淮海中路南面，与淮海中路平行，中间夹着一条兴安路。"白尔路"为这条路在1906年定名时的旧称，1921年改名为"蒲柏路"，现名"太仓路"是1946年时才改的。历史上的白尔路与今太仓路只有西段是重合的。今太仓路的嵩山路以东的路段曾名"吴淞江路"，而今顺昌路、自忠路过去都名"白尔路"。

20世纪20年代初期，延庆里一带是非常冷僻的地方。其北向斜对面（今淮海公园）是19世纪50年代法租界设立初期建成的法国军人墓地，也是英法租界中唯一的联合墓地，后

★ 太仓路街景

称"八仙桥墓地"。从白尔路389号向西，第一条马路就是贝勒路（今黄陂南路），沿着贝勒路继续向南，在贝勒路望志路口向西一转弯，就是树德里的望志路106号（今兴业路76号），走路只需要几分钟的时间。1921年7月，中国共产党第一次全国代表大会在望志路106号召开。历史就这样将白尔路389号和望志路106号紧紧联系在一起了。

延庆里是一条不长的弄堂，但其紧挨着一条叫吉益里的大弄堂，西面通过同益里的南北两条横弄可以穿到贝勒路，东面经吉益东里可以通到白尔路（今顺昌路），可谓四通八达。

白尔路389号是比较早的石库门建筑，有两层楼。由于

★ 淮海公园

★ 中国共产党第一次全国代表大会代表宿舍旧址（太仓路 127 号）

是北临白尔路的街面房，窗户上都安装有木质的百叶窗。这些百叶窗遮阳的作用不大，主要是不让路人直视室内，保护主人的隐私。这里和一般的石库门一样，中间是大门，两边设厢房，唯有二楼厢房有阳台。这种格局的石库门建筑一般建于20世纪20年代以前。这种在两个厢房间加设中间房的创

★ 中国共产党第一次全国代表大会代表宿舍旧址外观

意并不是绝无仅有的，但在上海也不多见。可能是因为整个建筑坐南朝北的缘故，中间房不用考虑是否会被两个厢房挡住阳光？

1920年，白尔路389号搬来了新主人——博文女校。博文女校创办于1917年，为全日制学校，共有学生100多人，董事长徐宗汉是辛亥革命的领袖之一黄兴的夫人，校长是黄绍兰。博文女校原就办在附近。因校长黄绍兰与李达夫人王会悟及陈独秀、李汉俊都相熟，所以当李汉俊等人在1921年7月筹备中国共产党第一次全国代表大会，考虑代表们的住宿问题时，就想到了博文女校，而7月又刚好是学校放暑假的时间，于是就以"北大师生暑期旅行团"的名义提出借用校舍。结果自然是如愿以偿。不仅如此，学校还为他们留了一名校工，帮助解决日常生活问题，同时兼任门卫。

根据相关文献的介绍，绝大多数一大代表都入住了白尔路389号的二楼，毛泽东、何叔衡、王尽美、邓恩铭住西间，包惠僧、董必武、陈潭秋、周佛海、刘仁静住中间和东间。一大召开前一天的下午，代表们就在这里举行了预备会议。所以，甚至有学者认为一大是在这里召开的呢。

从延庆里走到望志路106号一大会址，按照前文所说，出门西行左拐过马路就可到达。但是，当时这里的居民较少，一群人同时进出十分显眼。那么，代表们是否可能从弄堂里穿行？这是一个有趣的假设。如果穿弄堂，可从吉益里的大弄堂，走同益里到贝勒路，过马路入树德里抵达会场。

这样，在主要的马路上出现的时间就会很短。

　　博文女校在此处办学的时间较长，直到1932年才停办，此后便成为一般民居。现在，这里已被改建为休闲娱乐中心新天地，但中共一大代表宿舍旧址尚存。

★ 新天地

树德里，中国共产党的诞生地

中国共产党第一次全国代表大会旧址

建成时间：1920 年　　地址：黄陂南路 374 弄　　式样：旧式里弄

上海有很多名叫"树德里"的弄堂，这里指的是今兴业路黄陂南路西北转角的树德里。20世纪20年代初，兴业路名"望志路"，黄陂南路名"贝勒路"。黄陂南路374弄树德里的临南街面有一排坐北朝南的两层砖木结构建筑，望志路106号就在其中。此处向东，可通永庆坊的四条弄堂；向西可以通白来尼蒙马浪路（今马当路）177弄，再向里则有吉平里、福芝坊、聿德里、昌星里等小弄堂；向北可通今太仓路153弄。可谓四通八达，是典型的上海弄堂格局。

望志路106号（今兴业路76号）建于民国九年（1920年）夏秋间，是标准的上海石库门建筑：外墙青红砖交错，砖间镶嵌白线，门上有大型雕花，大门上黑漆，配有铜环，门框围以石条。

望志路106号为李汉俊与其兄李书城的住宅，人称"李公馆"。李汉俊为上海共产主义小组发起人之一，其兄李书城系同盟会发起人之一。据当事人回忆，整个建筑的南面，隔着望志路，当时还是一片农田，周遭环境非常冷僻。因为这里是在法租界最后一次扩张时被划入法租界的，所以生活配套设施尚处在规划阶段。

望志路108号，就是李氏兄弟寓所的隔壁，正是1921年6月成立的公开出版机构《新时代丛书》社通讯处，李汉俊也

★ 中国共产党第一次全国代表大会旧址（兴业路 76 号）

是十五位发起人之一。

这里离陈独秀居住的老渔阳里很近。李汉俊为成立上海共产主义小组之事，经常要去老渔阳里与陈独秀见面，从望志路西行，用不了七八分钟即可到达。这条路上，当年应留下过李汉俊无数的脚印。

1921年，共产国际代表马林和尼科尔斯基来沪，希望中国共产党尽快成立。他们通过李达和李汉俊，与陈独秀、李大钊达成了一致意见，即立刻与全国各地联系，请各地派代表来上海参加成立中国共产党的全国代表大会。

1921年7月23日，中国共产党第一次全国代表大会在树德里望志路106号举行。出席者有上海的李汉俊、李达，北京的张国焘、刘仁静，长沙的毛泽东、何叔衡，武汉的董必武、陈潭秋，济南的王尽美、邓恩铭，广州的陈公博，留日学生周佛海以及陈独秀委派的包惠僧，共产国际代表马林和尼科尔斯基也出席会议。

从23日至29日，大会均在望志路106号举行，各项议程按序进行，大部分代表每天都往返于白尔路的博文女校和望志路106号之间。但在30日会议刚开始几分钟，行将通过党的纲领和决议并选举中央机构时，有一个穿长衫的人突然闯入。他看到大家围在一起，答非所问地支吾了一句"走错了"就离开了。会议被迫中断。共产国际代表马林的斗争经验十分丰富，立刻察觉到潜在的危险，在陌生人离开后的一瞬间，马上做出决断，让大家离开会场。大家离开后没有多

★ 望志路 106 号和 108 号

久，法租界巡捕房的大批巡捕就包围了望志路106号，但是，他们完全扑了个空。留下的李汉俊和陈公博借《新时代丛书》社通讯处的名头应付，说是在和几位北京大学的教授讨论书稿。而实际上，他们写字台的抽屉内还有一份涂改得非常厉害的中国共产党党纲草案。

从出动的军警数量来看，这些巡捕应该来自薛立华路（今建国中路）的法租界中央巡捕房，因为更近的霞飞路格罗路（今淮海中路嵩山路）巡捕房的人手没有这么多。薛立华路的中央巡捕房此时是随法租界的西扩刚刚迁入的。

显然，望志路106号不能再继续作为会址开会了。但是，会议的议程还没有结束。于是，代表们在老渔阳里讨论继续开会之事，在李达夫人王会悟的建议下，从上海北火车站乘火车转移到嘉兴，在南湖的游船上完成了会议议程，通过了党的第一个纲领和决议，正式宣告中国共产党诞生。

有关中国共产党第一次全国代表大会召开的具体时间，曾有一段时间并不能明确，只能确定为七月。因此，党的第

★中国共产党第一次全国代表大会代表（中国共产党第一次全国代表大会旧址纪念馆内浮雕墙）

★ 中国共产党第一次全国代表大会场景（中国共产党第一次全国代表大会旧址纪念馆内景）

七次全国代表大会将7月1日作为党的诞生纪念日。1949年以后，经过多次实地探访，不仅确定了中国共产党第一次全国代表大会的会址，更可喜的是，经党史界通力合作研究，一大召开的具体时间终于有了定论。原来，当初的代表们不全住在博文女校，例外者之一就是广东代表陈公博。陈公博当时新婚，偕夫人单独入住南京路上新建成的旅馆大东旅社。在他们入住期间，隔壁房间发生了一件惊动整个上海滩的凶杀案，上海各新闻媒体都做了报道，而陈公博有记日记的习惯，将这些都记在了日记里。研究者在反复核对后，终于确认了一大召开的确切时间，但这并未改变将7月1日作为中国共产党诞生纪念日的决定。

1990年，作家叶永烈拜访已届耄耋之年的薛耕莘，他曾在上海法租界巡捕房工作多年。薛告诉叶永烈，当年闯进一大会场的陌生人名叫程子卿，当时任上海法租界巡捕房的政治探长，程在20世纪30年代末曾与他谈及前往李公馆侦查中共一大之事。程子卿是帮会中人，与三教九流都有着十分复杂的关系。薛耕莘有个习惯，常把重要见闻记于自己的笔记本上。当时，他曾记下与程子卿的谈话内容。新中国成立后，薛耕莘被捕入狱，他的笔记本被收缴。倘若从档案部门寻觅，当可查到那个笔记本，看到当年他记录的原文。现在，他虽不能回忆出原文，但是程子卿所说首先闯入李公馆这件事，他记得很清楚。

也有一种未经考证的说法：程子卿在法租界巡捕房听到开会的消息，故意先去盘查，弄出一点动静，让与会者警惕。程子卿在法租界巡捕房工作期间确实做过一些有益的事，所以新中国成立以后他并未被捕。

薛耕莘是1930年才进入法租界巡捕房的，且当年闯进一大会场的人是程子卿，薛不是当事人。而且是30年代末谈论一大之事，可信度不高。故此说法现在仍只是孤证。

兴业路76号现为中国共产党第一次全国代表大会会址纪念馆。

辅德里，在小寓所里闹大革命

中国共产党第二次全国代表大会旧址、平民女校旧址

建成时间：1916 年　地址：成都北路 7 弄　式样：旧式里弄

辅德里625号，即今成都北路7弄30号。辅德里于1916年建成，地属公共租界，与法租界仅隔一条长浜。长浜和其东的洋泾浜一样，在两大租界向西扩张时成为租界与华界、两大租界之间天然的分界线。法租界当局从19世纪60年代开始就希望将包括洋泾浜在内的这些浜系填埋。洋泾浜从1914年中旬开始填埋，至1916年填埋完工。长浜填埋的时间稍晚。

1899年，公共租界扩张到此地。但将建筑建到长浜边，则要到上海填浜的高潮时期。辅德里就是在那个时期建成的，它完全是在一片新天地上诞生的。

★ 辅德里南面的延安中路

辅德里的建筑是上海标准的石库门，二层砖木结构，前客堂、亭子间、楼梯间、灶披间等石库门元素应有尽有。这条弄堂共有房屋49幢，除6幢街面房被编入马路的门牌号以外，其他43幢都被编入辅德里。辅德里南面临福熙路（今延安中路）——长浜填埋后的那条新路，北面经过几个类似的街区就是大沽路，西边则要跨过更多的街区才能上大路。小小一条弄堂，编出625号这样大的门牌号显然有些夸张。其实，公共租界的门牌号码有时比较随意，这个数字并不意味着辅德里有600多个连续号码。

辅德里625号坐北朝南，前门就是辅德里长长的弄堂，门楣上有"腾蛟起凤"四个字，仿佛预示着这里会发生不平凡的事情。从这里出弄东去到成都北路，要先经过十来户人家，穿过一条横向辅弄，再走过五六家人家才能上街；去福熙路则西行三四户人家，出弄南行数步即可。辅德里和传统的上海弄堂一样，相通着三十来户人家的后门和前门，大家进进出出都要穿过弄堂。如果住的是街面房，面向马路的前门通常很少使用，进

★ 中国共产党第二次全国代表大会旧址（辅德里625号）

出多走后门，也是从弄堂里穿行。此外，一般来说，家长不会让孩子们在马路上嬉戏，而是让他们在弄堂里玩，一方面是因为马路上车多危险，另一方面是怕外面有骗小孩的骗子。弄堂里就安全多了，一群小孩一起玩，只要有一个家长看着就行。所以，弄堂是邻里之间最重要的活动场所。但辅德里有点不一样。此处是新弄堂，住客间还不太熟，所以大家都关着门在屋里，而625号的后弄堂里，人就更稀少了。

辅德里625号是中国共产党创始人之一李达的新房。李达与王会悟结婚后，于1921年10月住到这里。中国共产党第一次全国代表大会上，李达被选为宣传方面的最高领导，所以他的住处也是中央宣传机构的通讯处，陈独秀经常到这里调看文件。中国共产党第一次全国代表大会后，在辅德里后弄堂的632A号（今成都北路7弄42—44号），李达和其他同志一起创办了平民女校并任校长，以培养党的妇女干部，还创办了党的第一家出版社——人民出版社。所以，625号的后门应当是李达夫妇更经常走的出入口。

1922年7月中旬，陆陆续续有人进出辅德里625

★ 辅德里弄口（历史照片）

号。这样的情况大约有三次，而后一切烟消云散。后来我们才知道，中国共产党的第二次全国代表大会就是在这里召开的。在二大召开时，李达和王会悟的女儿刚出生不久，王会悟就整天抱着女儿在门外的弄堂里散步、逗小孩玩，实际上，她是在为大会做警卫工作呢。

中国共产党第二次全国代表大会召开前，李达夫妇在辅德里625号已住了一年，对辅德里的情况了如指掌。于是，

★ 平民女校旧址
（辅德里632A号）

★ 平民女校宿舍
（平民女校旧址内景）

正好负责中共二大会务安排的李达夫妇便毫不犹豫地将自己的家选作了会址。

1922年7月的中国共产党第二次全国代表大会，本应有12名代表出席会议，但最后参加会议的只有11人，缺席者是毛泽东。据说，毛泽东接到了会议通知，但由于此地不易寻找，最终没有找到会址，遗憾地缺席了这次重要会议。这也从侧面说明李达吸取了一大的教训，选的会址更隐蔽了。

上海的门牌号，一般采用马路名加连续编号的方式编排，以外滩天文信号台为原点，号码从小到大向四周作散状线扩散。但也有不少地方不用这种方式编号，这种情况越近郊区就越多。辅德里当时属于新开发的地方，公共租界工部局当时就没有用这一方式为其编号。说不定，这特殊的门牌号也为中国共产党第二次全国代表大会的顺利召开做了一点小小的贡献。

辅德里625号现在已建成中国共产党第二次全国代表大会纪念馆，但周围建筑已拆除，改为延中绿地。

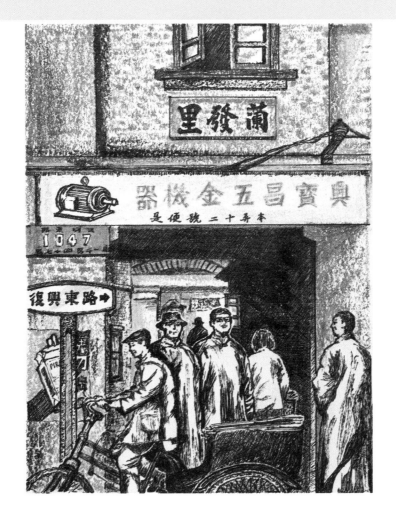

兰发里，点亮一盏指路明灯

《向导》发行所旧址

建成时间：约 1920 年　　地址：复兴东路 1047 弄　　式样：旧式里弄

兰发里坐落在上海的老城厢里，现为复兴东路1047弄。其弄口原来是一条浜，一头通西门城墙水洞，汇入外界水路，连通肇嘉浜，另一头经东城墙水洞流入黄浦江。1906年，上海开始填浜筑路，此浜成为肇嘉路，西与租界地联通。这条路后来改了名，就是现在的复兴东路。沿着复兴东路向西，老西门近在眼前，这里在晚清时是上海热闹的地方，设有码头，可以从这里乘船到苏州；而沿着复兴东路向东走，河南南路也不远，即过去的老北门内大街。

与老城厢内传统的里巷一样，兰发里四通八达，向北可

★ 复兴东路街景

通向和它平行但比它更长的翁家弄，然后通到金家坊，进而西转到达老城厢最有名的中华大戏院；它也通向陆小曼出生的孔家弄，而从孔家弄还可以连通红栏杆街，晚清上海有名的"长毛状元"王韬晚年时就住那里。

兰发里的住户并不多，除了临街的一排，后面只有四排，仅有14个门牌号。其中，第一排、第二排各有2户人家。3号是在第二排的里面。

1922年7月，中国共产党第二次全国代表大会在辅德里召开后，8月，中共中央在西湖会议上决定创办一份权威刊物，广泛宣传党的反帝反封建的民主革命纲领。9月13日，兰发里3号诞生了第一份公开发行的中央机关刊物——《向导》周报。这份报纸最早喊出了"反抗国际帝国主义""推倒军阀"等口号，提出了建立"统一、和平、自由、独立"国家的奋斗目标。初期的《向导》为16开，每期只有8页，时任中央委员的蔡和森任主编，陈独秀题写刊名，参与编辑和撰稿的先后有陈独秀、李大钊、瞿秋白、高君宇、彭述之等，毛泽东、周恩来、李立三等也在上面发表过文章。

鸦片战争后，上海逐渐形成了三个行政区划，即英租界（后为公共租界）、法租界和华界。早期在沪的中共机构一般都以租界为掩护，像《向导》周报这样选址华界的并非主流，可能因为是公开发行的报刊，所以在选址时没有考虑那么多。还有一种可能性，即1922年8月在杭州召开的中共中央执行委员会会议已决定通过党内合作的方式实行国共合

★《向导》周报

作，这对《向导》选址兰发里应当也有一定的影响。毕竟，从这里可以轻松跨出西门，法租界就在眼前，步行到老渔阳里也只要15分钟的时间。

《向导》创刊一个月后就随中共中央一同迁往北京。但根据公共租界工部局《警务日报》（*Police Daily Report*）资料摘录（韩罗以、吴贵芳译），1923年1月23日尚有《向导》周报从兰发里4号移至同弄8号的记录。另外还有1923年3月1日兰发里3号被军警查封，以及1923年12月8日《向导》周报发行处被封闭后已恢复出版的记录。看来，在中国共产党第三次全国代表大会前后，《向导》虽然随中共中央先后迁往北京、广州等地，但发行所的工作并没有完全停止，直至1923年的二三月。而在中共三大召开后，有关研究表明，《向导》又于当年9月回到了上海，《警务日报》对1923年12月8日《向导》周报恢复出版的记录正是旁证，只是地址在兰发里8号。

据《申报》记载，兰发里9号在1925年时发生过大火灾，当年的建筑是否被毁还有待考证。

《向导》发行所旧址尚存，但整个地块已启动拆迁。

★《向导》发行所旧址（兰发里3号）

三曾里，小弄堂里有个指挥部

中国共产党第三次全国代表大会后中共中央局机关遗址

建成时间：不详　地址：临山路 202—204 号　式样：旧式里弄

三曾里在香山路（今临山路）公兴路转角，属老闸北区。闸北在清咸同年间属于清廷控制的华界北市，后因租界的不断扩张，闸北的南部地区被划入公共租界的西区。租界与华界以宝山路为界，宝山路的南面属租界，三曾里刚好在宝山路的北面。而宝山路的这一段紧贴着中国的第一条铁路——淞沪铁路。

香山路后来改名"象山路"，现在的路名是"临山路"。上海现在的香山路则在黄浦区的思南路附近，与老闸北区的那条香山路毫无关系。三曾里是一条非常短的弄堂，

★三曾里原址现为象山小区

整弄只有3户曾姓人家，因而得名。从三曾里可经鸿兴路及永生路到宝山路入租界，也可通过公兴路到虬江路入租界，到上海当时最重要的交通枢纽北火车站，仅需十来分钟。

★ 上海老北站旧址现为上海铁路博物馆

　　1923年6月在广州召开的中国共产党第三次代表大会闭幕后，新的中共中央局决定迁回全国产业工人最集中的上海。7月，先行到沪的中央执行委员会委员王荷波正在寻找适合中央局机关办公的地点。王荷波牺牲得早，可能不太为人所知。实际上，他曾担任中央监察委员会第一任主席，由此便可想象他在中国共产党早期的地位。因为中共三大确定了与国民党合作建立革命统一战线的方针，所以，相较于公共租界和法租界，此时的华界反而成为相对安全的区域。而老闸北的华界是产业工人最集中的地方，正是中国共产党依靠的政治力量。于是，王荷波在再三比较之后，选择了交通比较方便的、离上海北火车站近的三曾里作为中央局机关的办公地点。

王荷波以有外地三兄弟来沪谋生为借口，用"关捐行"的名义向房东租下了三曾里的房子。这样，三曾里就成了中共中央局的机关所在地。中央局的五位领导，除了一位还留在广州外，其余悉数来到上海。入住三曾里的中央重要人物有毛泽东、杨开慧夫妇及其孩子，蔡和森、向警予夫妇，以及罗章龙。陈独秀、王荷波、恽代英及共产国际代表马林等也经常来此开会，陈独秀还曾因开会或其他原因在此留宿。

三曾里的日常管理和事务安排由中央妇委负责人向警予

★ 三曾里手绘图

63

负责。向警予派了一个可靠的女共青团员担任内外勤，另请了一个女工来负责膳食。由于是中央局的办公地，纪律管理非常严格，不在议程上的临时出现的状况一般都按最严级别处理。例如：陈独秀的夫人有一次到这里要上楼找陈独秀，管理者根本不讲情面，立刻回绝；杨开慧有个长沙老乡来这里想留宿，也被杨开慧告知不行，今后切莫再来。

由于在广州与国民党有合作事宜，中共党内的高级干部不时要南下，或到各地组织指导工作，在三曾里的驻留时间变得断断续续，但时间跨度将近一年。到1924年的六七月间，中共中央局另移，毛泽东等人也另找住宿点。

1932年，三曾里在"一·二八"淞沪抗战时被毁。这段历史后来被罗章龙记录在回忆录《椿园载记》中。

★ 中共三大后中央局机关三曾里遗址纪念石碑，位于遗址西南侧约百米处的静安区闸北第三中心小学内

振业里，红色思想传播处

上海书店遗址

建成时间：约 1910 年代　地址：人民路 1027 弄、1037 弄　式样：旧式里弄

上海老城厢的西北角，至今还保留着一段古城墙。1913年，上海北半城的古城墙被拆，城外的护城河也同时被填埋，城址上兴筑起了民国路（今人民路），沿墙的空地上造起了里弄房子，振业里就在其中。振业里处于大境阁和老西门之间，地属华界，与法租界隔着民国路相望。上海近代史上著名的四明公所就在振业里斜对面。四明公所北面的马路现在名"淮海东路"，曾因四明公所为宁波会馆的原因而称"宁波路"，与现在南京东路以北的宁波路完全是两条马路。

★ 古城公园一角

★ 大境阁

★ 四明公所遗址

　　振业里夹在万竹街和同庆街之间，共有两弄，一弄为后来的人民路1027弄，二弄为后来的人民路1037弄，两条弄堂皆通大方街，通过大方街转万竹街，可达露香园路。万竹街露香园路的转角处就是当时著名的万竹小学。振业里的弄堂口向着民国路，对马路通寿宁路、云南南路，出行十分方便。

振业里11号为街面房，门牌号为民国路339号（今人民路1025号），是一弄东弄口的第一间。1923年11月1日，中国共产党的公开出版发行机构——上海书店在这里开业。

从金陵东路279号的新青年社总发行所开始，中国共产党的各种机构一般都选址在法租界内或公共租界中非常靠近法租界的地方，但从1922年9月选址兰发里创办《向导》周报开始，这种以法租界为主来选择机构办公地的现象有所改变，中国共产党甚至离开了租界，转而在华界寻找合适的地方。其原因是多方面的。金陵东路279号的新青年社总发行所、老渔阳里2号的《新青年》编辑部、望志路106号的中共一大会址都先后遭到法租界巡捕房的查封，当然会引起党对租界的警惕心并有意回避。由于革命在南方蓬勃兴起，革命思想深入人心，华界的政治环境稍显宽松，于是华界倒成了相较而言更安全的地方。更重要的是，此处离兰发里的《向导》发行所非常近。从上海书店开张后即发行《向导》来看，这可能也是其选址此处的原因之一。

由于上海书店是公开的出版发行机构，党中央调派了来自浙江某女子师范学校的徐白民来筹建并负责书店的运营。选用这一地址，徐白民是听取了瞿秋白的意见后定下的。瞿秋白参加了中国共产党第三次全国代表大会，非常清楚国共合作的策略方针，而且，他曾是《向导》的编辑。

上海书店开业时，店内的用品大都是旧物，仅作少量添置。从表面上来看，这是一家再正常不过的书店，销售着民智书局、新文化书社、亚东图书馆等出版社的出版物，实际上却秘密发行被查封的新青年社的全部存书、中共中央的机关刊物《向导》，以及《中国青年》、《前锋》、《共产党宣言》、瞿秋白主编的《社会科学讲义》等革命进步书刊。

1925年12月，党中央派毛泽民到上海任中共中央出版发行部经理，直接领导上海书店。在他的领导下，书店的业务有了很大的扩张，不但在沪东、沪西都设立了分销处，而且向中共在长沙、广州、南昌、宁波的发行机构供货，甚至将生意做到了境外。

上海书店在华界安全运营到1926年，于2月4日被进驻上海的孙传芳军阀查封。这是中共早期运转时间较长的一处机构，证明当初的选址是比较正确的。

振业里在旧城改造中被拆除，上海书店原址现留有纪念石牌。

★ 上海书店遗址纪念石碑

朱依里，红色青年们发出呐喊

《中国青年》编辑部旧址

建成时间：不详　地址：淡水路 66 弄、76 弄　式样：旧式里弄

淡水路66弄4号是一幢坐北朝南的二层石库门建筑，掩映在延中绿地深深浅浅的绿色之中，这里就是《中国青年》编辑部旧址。淡水路旧名"萨坡赛路"，也曾名"英士路"。萨坡赛路朱依里，后改名"南通里"，由淡水路66弄、76弄两条弄堂组成。其中，66弄只有3个门牌号，往西通积善里，往南拐可到金陵西路，往东出弄堂就是淡水路。朱依里是一条小弄堂，其北面的大弄堂马乐里就要比它大许多。

淡水路的东面，即连云路（旧名"吕宋路"）一带，后来建了一座只有老上海人才知道的新城隍庙。上海在"孤岛"时期，因去南市的城隍庙烧香拜神不方便，所以在此建造一小型的城隍庙，被上海人称作"新城隍庙"。从抗战时

★《中国青年》编辑部旧址依然使用当年的门牌号

★《中国青年》创刊号

期到20世纪50年代中期，新城隍庙周围一直是小商店集中的地方，并设有茶馆和书场，兼有娱乐功能，至60年代式微，70年代初被彻底改造。

《中国青年》是中国共产党创办的最早的青年刊物。1923年8月，中国社会主义青年团第二次全国代表大会在南京召开，同年10月，团中央机关刊物《中国青年》在上海创刊；直到1924年春，编辑部才选定萨坡赛路朱依里252号为固定办公场所。创办之初，刊物由恽代英负责。之后，肖楚女、邓中夏、张太雷、林育南、任弼时、李求实、陆定一等中共历史上的重要人物都担任过主编或编辑。他们中有许多人为党的事业献出了年轻的生命。肖楚女，1927年4月15日在广州反革命政变中被捕，4月22日牺牲于南京，年仅34岁。张太雷，1927年12月12日在广州起义战斗中牺牲，年仅29岁。恽代英，1930年在上海被捕，在狱中化名王作林，后被1931年4月叛变的顾顺章出卖，1931年4月29日牺牲时才36岁。邓中夏，1933年5月15日在上海法租界被捕，始终没有暴露自己的身份，后因叛徒供出了他的真实身份，被引渡南京，1933年9月21日牺牲，时年39岁。

《中国青年》上刊登过许多重量级的文章，如毛泽东的重要文章《中国社会各阶级分析》《五四运动》《青年运动的方向》等。

《中国青年》创刊时是一份16页的周刊，只有半个印张，印数3000册，之后的发行量越来越大，达3万多册，成了非常有影响力的革命刊物。尤其是在年轻人中，《中国青年》被广泛传阅，其对马克思主义新思想的宣传作用是其他刊物无法代替的。1927年"四一二"反革命政变后，为了保存革命力量，《中国青年》编辑部随中共中央、青年团中央撤迁到武汉，在武汉、广州、瑞金、延安等地继续发行；1927年11月至1932年，曾先后改用《无产青年》《列宁青年》等名称秘密出版。

《中国青年》编辑部旧址尚存。

甲秀里，毛泽东的上海岁月

上海毛泽东旧居

建成时间：1915 年　地址：茂名北路 120 弄　式样：旧式里弄

慕尔鸣路318号（今茂名北路120弄）的甲秀里有北面和西面两个弄堂口。北弄口在威海卫路（今威海路），西弄口在慕尔鸣路。因此，20世纪30年代，甲秀里的门牌号曾改为威海卫路583弄，弄名则改为"云兰坊"。甲秀里建成于1915年，为石库门建筑，但与上海一般建筑的朝向不同，都是坐南朝北的。20世纪末，弄内北面一排1号、3号两幢房屋被拆除，仅保留5号、7号、9号三幢房屋。

甲秀里一带是上海第三个跑马厅建成后英美租界较早的越界筑路区域。在其北面，今威海路的对马路，19世纪80年代，无锡人张叔和建造了至今还为老上海人津津乐道的张园。张园北至静安寺路（今南京西路），南至威海卫路，东至今石门一路，西至慕尔鸣路，19世纪末已成为上海最重要的娱乐场所，其中的标志性建筑"安恺地"更是当时引领风尚的西洋建筑，风头一时无两。及至20世纪初，张园转换角色，成了上海政治活动中心，康有为、孙中山等政治人物的身影时常在这里出现。张园沉寂于20世纪一二十年代，其废墟上盖起了一大片石库门建筑，建成时间正好与甲秀里相仿。

1923年6月，中国共产党第三次全国代表大会决定共产党员以个人身份加入国民党，实现国共合作。1924年1月，

★ 张园

国民党第一次全国代表大会召开，毛泽东当选为国民党中央候补执行委员，并参加国民党上海执行部的工作，担任执行部文书科代理主任兼组织部秘书。2月，毛泽东抵沪后，先住在老闸北三曾里，但这里离环龙路44号（今南昌路180号）的国民党上海执行部较远。4月，同住三曾里的向警予也参加了国民党中央上海执行部的工作，负责妇女部，为方便工作，她便与丈夫蔡和森搬到了慕尔鸣路甲秀里318号。于是，毛泽东也搬到甲秀里居住。

甲秀里是老式石库门里弄，基本是双开间一厢房的平面布局，青砖清水墙。蔡和森、向警予夫妇住在楼上，毛泽东住在楼下厢房。1924年6月，杨开慧携其母亲向振熙和儿子毛岸英、毛岸青从湖南来沪，与毛泽东住在一起。于是，毛

★ 第一次国共合作时期国民党上海执行部旧址

泽东和杨开慧住统厢房，临天井的窗前摆着书桌，室中有一张方桌和两只方凳，墙边的木板床上罩着蚊帐，床边还有一只小摇篮。杨母向振熙则住后厢房。

毛泽东白天在上海执行部工作，负责国民党党员重新登记的工作、黄埔军校在上海地区的招生复试、组织筹备上海各界人士追悼列宁大会及指导平民教育，晚上到沪西的小沙渡路（今西康路）上的工人夜校上课，回家后再伏案写文稿。此外，他还在党内担任中共中央局秘书，负责组织工作，协助陈独秀主持中共中央的日常工作。由于工作繁重，毛泽东积劳成疾，经组织同意于1924年12月带全家回湘疗养。甲秀里是毛泽东在上海居住时间最长的地方。

甲秀里318号现为上海毛泽东旧居陈列馆。

★ 毛泽东一家（上海毛泽东旧居内的雕像）

华兴坊，五卅运动中发出正义之声

热血日报社遗址

建成时间：不详　地址：华兴路 64 弄　式样：旧式里弄

华兴坊在老闸北的浙江北路的西边，北靠华兴路。坊内东西向有四条弄堂；南北向有两弄，其中，小弄贯通三条东西向的弄堂，大弄贯通四条东西向的弄堂，且在华兴路上有一个很大的弄口。

这一带是老闸北的核心区域。华兴坊的东南面有晚清时期上海有名的公共娱乐场所"徐家花园"（即双清别墅），此处是中国最早（1896年）公开放映电影的地方。在华兴坊的南面，即北浙江路（今浙江北路）七浦路口，是英美租界会审公廨新厦，俗称"新衙门"。英美租界会审公廨根据上海道台和英国、美国驻上海领事订立的《洋泾浜设官会审章程》，经清朝总理衙门和外国公使团核准，于1869年正式成立。1899年9月18日，会审公廨从南京路移至此地。会审公廨曾审理过章太炎、邹容、黄兴、陈天华等案，在近代上海产生过重大影响。民国时期，此处改为江苏上海第一特区地方法院、江苏高等法院第二分院。1949年8月11日，上海市长陈毅在此（浙江北路191号）宣告上海市人民法院成立。从华兴坊沿着浙江北路朝北走几分钟，就可以到达上海北火车站，再向南走十来分钟，即可越过苏州河上的浙江路桥，到达市中心最热闹的地方——南京路，交通十分便利。

1907年11月16日，中国近代体育史上的第一所专门培养

★ 徐园（摘自《点石斋画报》）

★ 英美租界会审公廨新厦旧址

★ 华兴坊弄内（历史照片）

体操人才的学校——中国体操学校在华兴坊成立。

1924年初，上海书报流通处在华兴坊成立，主持人是董受之。此书报流通处明面上主营书刊代购代送等业务，实际上是为上海书店分销进步刊物，有10余名流动供应员骑车到各学校、工厂推销，《向导》周刊每期可销售2000余册，《中国青年》每期可销售三四千册。1925年7月，此书报流通处才停办。

1925年2月，华兴坊25号成立了上海印刷工人联合会，成员以商务印书馆和中华书局的工人为主。1925年5月30日，南京路发生了英国巡捕开枪打死抗议学生及群众的惨案，上海印刷工人联合会召开紧急会议，一致决定参加第二天的示威游行。5月31日上午11时，工人们先在华兴坊的上海印刷工人联合会集合，再去南京路参加示威游行。大家都自己出钱购买白布、纸张来制作标语，贴满南京路各大商店的玻璃橱窗，巡捕房只好开来大批救火车，试图用高压水龙头冲散游行的工人、学生。当英国巡捕出现时，大家都迎上去战斗；当印度巡捕过来时，大家就请路过的印度人翻译，叫他们不要打中国人，应该和中国人共同反帝。许多印度巡捕被说服，用简单的中国话回答"马马虎虎"，不再用木棍打人。

惨案发生后，6月1日，中国共产党就决定创办《热血日报》，6月4日，《热血日报》即正式创刊出版——从筹划到创刊只

★ 瞿秋白像

用了短短4天。这是中国共产党创办的第一份日报。创刊号的报头由瞿秋白亲笔题写，他一共写了3期；从第四期直至停刊，报头都由何公超题写。编辑部成员有瞿秋白、沈泽民、郑超麟、何公超。《热血日报》是一份半公开的报纸，其发行所和通讯处是公开的，标明"北浙江路华兴坊56号"，但其编辑部和印刷所是保密的。其实，《热血日报》的编辑部就设在华兴坊中一间破旧的客堂里，房间中仅有一张长桌和几条长板凳，别无他物。《热血日报》设有"本埠要闻""国内

★ 热血日报社遗址（华兴坊56号）

要闻""国外要闻"等专栏，稿源大多来自读者，具有广泛
的群众基础。在中国共产党的坚强领导和广大人民群众的有
力支持下，《热血日报》的发行量越来越大，到第十期时就
超过了3万，超过了具有10年历史的《民国日报》，这就引
起了巡捕房的注意。1925年6月28日，报纸被强行查封，承
印该报的明星印刷厂经理徐上珍也被逮捕，还没有发出去的
2800份报纸被没收。《热血日报》被迫停刊，前后共出版
24期。

华兴坊今已不存。

★《热血日报》

迎春坊，小旅馆中的大转折

五卅运动秘密指挥部遗址、"九月来信"的诞生地

建成时间：1915 年　地址：湖北路 203 弄　式样：旧式里弄

迎春坊地处上海闹市，弄堂的门牌号为湖北路203弄。坊内有1条主要直弄和3条横弄。迎春坊南至福州路，其福州路的街面房曾是华美晚报馆和大鸿运酒楼；北至汉口路，曾有天外天娱乐场；西至浙江路，浙江路的西面就是老上海买绣鞋最有名的"小花园"。有许多名人在这里置业安家，如"江北大亨"顾竹轩、与张大千有"南张北溥"之誉的著名画家溥心畬等。

湖北路是由19世纪50年代上海第二个跑马场的旧马道改的马路，旧时又名"大新街"，是老上海戏馆、茶楼集中之地。福州路俗称"四马路"，为上海文化、娱乐业的滥觞地，也是藏污纳垢的声色场所。整个迎春坊在湖北路福州路的西北面，因而弄堂中开设了大量的中小型旅馆，专做来沪公干的外埠人的生意。

著名的孟渊旅社就在迎春坊内，地址是湖北路227号。孟渊旅社创办于1913年，店名与老板徐孟园的名字谐音，是上海早期中西结合的豪华型旅馆之一，楼高有3层，客房有100余间，内均置全套红木家具，并设有中西餐厅。许多著名人物曾下榻这里：1922年6月，朱德与唐淮源、金汉鼎离渝来沪，住在孟渊旅社；1925年，五卅运动的秘密指挥部设在孟渊旅社314号房间，李立三为总指挥，具体工作由上海

★ 湖北路街景

★ 福州路街景

市总工会筹备会和上海市学生联合会负责；1926年8月29日，鲁迅从北京赴厦门，途中在上海作暂时停留，入住孟渊旅社，那天晚上，文学研究会安排郑振铎出面请他吃饭，刘大白、夏丏尊、陈望道、沈雁冰、郑振铎、胡愈之、朱自清、叶圣陶、王伯祥、周予同、章雪村、刘勋宇、刘叔琴及周建人出席，饭后余兴未尽，刘大白、夏丏尊、陈望道、章雪村还跟着鲁迅来到他在孟渊旅社的房间继续交谈；时任中国共青团中央执行委员、中国共青团湖北省委书记的贺昌于

1928年来沪时住过孟渊旅社，他和黄慕兰结婚后也住在此。

中国共产党领导人入住过的迎春坊旅馆不独孟渊旅社。1929年8月，陈毅从闽西来到上海，入住湖北路203弄迎春坊中的新苏旅社。新苏旅社在迎春坊的第一横弄上，坐西朝东，为迎春坊4号、6号的双联石库门建筑，其后门与孟渊旅社在迎春坊的后门在同一短弄上。

陈毅参加了1927年8月1日的南昌起义，起义失败后与毛泽东率领的秋收起义部队在井冈山胜利会师，组建了中国红军第四军。红四军在毛泽东、朱德、陈毅等人的正确领导下不断发展壮大，成为令世人瞩目的一支革命武装力量。1929年3月和5月，红四军二次由赣入闽，巧渡汀江，轻取汀州，三克龙岩，直下永定、上杭，取得军事上的节节胜利，开辟

★ 五卅运动纪念碑

出闽西革命斗争的崭新局面。但是，红四军内存在着各种非无产阶级的思想，这对红四军执行党的正确路线阻碍非常大。在这种情况下，6月22日在龙岩召开的红四军第七次代表大会上，经过民主选举，陈毅当选为前委书记，毛泽东落选。7月上旬，毛泽东离开红军，留在闽西养病并指导地方工作。中央原就希望红四军前委派一得力同志来上海与中央讨论具体问题；毛泽东落选的消息传到上海后，周恩来对此十分慎重，于是陈毅来到上海听取中央指示。

陈毅得其国民党高官兄长的掩护，在新苏旅社安心住下，一共写了《关于朱毛军的历史及其状况的报告》等七个报告。周恩来等政治局领导在听取了陈毅的汇报后，决定由周恩来、李立三、陈毅三人组成专门委员会，深入研究、讨论红四军的问题。其间，周恩来多次来到迎春坊新苏旅社陈毅的住处，与之反复交谈，明确表示要把毛泽东同志请回来。他代表中央强调，要召开一次会议，统一思想，分清是非，巩固红四军的团结，维护朱、毛的领导。经过一个月的讨论，陈毅根据与周恩来的多次谈话，起草了一封中共中央给红四军前委的指示信，交周恩来亲自审定，这就是中共历史上著名的"九月来信"。信中肯定了红四军建立以来所取得的成绩和经验，要求红四军前委和全体干部战士维护朱德、毛泽东的领导，明确指出毛泽东仍应为前委书记。此信更为中共党史上著名的"古田会议"的顺利召开做出了重大贡献。谁也没有想到，中共党史上的一系列重大事件，竟与

★ 一心旅社（历史照片）

上海的一条老弄堂、一所老旅馆有着千丝万缕的关系。

孟渊旅社于1956年公私合营后改称"长征旅社"。新苏旅社于1946年改名"新苏台旅馆"，解放后又改名"一心旅社"。

迎春坊今已不存。

★ 迎春坊原址已建成住宅楼

安慎坊，"红色声音"指挥部

中共中央宣传部遗址

建成时间：1920 年代　地址：四川北路 1649 弄　式样：新式里弄

安慎坊位于虹口区四川北路1649弄，是1920年后兴建的新式里弄住宅。这种建筑大多为二三层的楼房，主房朝南，煤卫设备齐全，外形参照洋房，天井改为小花园，与石库门有很大不同。在上海近代史上，虹口地区原是美国租界，但清政府虽然承认了美国租界，却没有明确划定一条界线，所以美国租界和华界的界线比较模糊。安慎坊正好在租界的范围之外。1863年，英美租界合并，虹口一带就属于英美租界，1899年后又变成了公共租界。随着后来入住虹口的日本侨民增多，虹口一带曾被误认为日租界。实际上，上海近代史上根本就不存在日租界。20世纪10年代，第一次世界大战爆发，列强忙于应付战争，我国的民族工业趁机得到发展，广东人来沪投资日益见多，安慎坊所在的虹口一带都成了广东人的聚居地。

安慎坊共有三条长弄堂，在四川北路上有两个弄口（一为四川北路1649弄，一为四川北路1635弄），另有横弄通新乡路和东宝兴路。安慎坊32号正好处在通东宝兴路230弄的横弄上，出行十分方便。

1926年春至1927年4月，中共中央宣传部在辗转多处后暂时设在安慎坊32号。这一地址的选择并不是偶然的。1925年1月，在今东宝兴路254弄28支弄8号召开了中国共产党第四次全国代表大会。东宝兴路230弄安慎坊32号与此会址仅一弄之隔。在随后举行的中央执行委员会第一次会议上，陈独秀当选为中央总书记兼中央组织部主任，彭述之当选为中央宣传部主任，张国焘当选为中央工农部主任，蔡和森、瞿秋白当选为中央宣传部委员，这五人组成中央局。从中共中央工农部当时也设于安慎坊32号来看，四大会址和安慎坊32号应当是通盘考虑后定下的，有一定关联性。这也符合1922年秋季以后党的各个机关将机关地址选在华界的惯例。

安慎坊32号是在1926年春租下的，彭述之、郑超麟、黄玠然、羊牧之均在这里居住过。前楼是中共中央宣传部主任彭述之及其夫人陈碧兰的寓所；过街楼是宣传部的办公室、《向导》编辑室，彭述之、沈雁冰、羊牧之、郑超麟等均在

★ 中国共产党第四次全国代表大会遗址纪念石碑

★ 中共中央宣传部遗址（安慎坊 32 号）（历史照片）

此办公，除了编辑中共中央机关报《向导》《中国工人》，还编辑《新青年》丛书；后间是黄玠然居住的地方；郑超麟居住在三楼亭子间。

这里还召开过中共中央局常委会，当时的五大常委陈独秀、彭述之、张国焘、蔡和森、瞿秋白等都来过此地，中共中央主席团有时也在此开会。1927年3—4月，陈独秀来此居住，就住在原来郑超麟住过的亭子间。1927年3月，顾顺章曾在这里向陈独秀汇报上海工人第三次武装起义的准备情况。1927年4月上旬，陈独秀等去武汉参加中共五大，此处停止办公；中央迁至武汉后，此地为中央交通处，由石琼管理。以后，周恩来曾在此地居住过，并在此接见过中共五大代表徐彬如，安排其做军委工作。

2003年，安慎坊在旧城改造中被拆除。

★ 安慎坊原址现为凯鸿广场

亨昌里，重新燃起革命之火

《布尔塞维克》编辑部旧址

建成时间：1925 年　地址：愚园路 1376 弄　式样：新式里弄

亨昌里位于长宁区愚园路1376弄，是一条新式里弄，弄内住宅皆为三层砖木结构。其南面弄口在愚园路上，北面则通长宁路。亨昌里由先施、永安两大公司于1925年合股兴建，建筑分列5排，共25幢，建筑总面积3584平方米，内部设施齐全,供两公司的高级职员居住。

愚园路于晚清民国年间由公共租界工部局越界填浜筑路而成，以路东著名园林"愚园"为名。亨昌里位于路西，近兆丰公园（今中山公园）。愚园路早年开通后，一些有实力的公司、银行纷纷在此择地建造洋楼别墅，使此地成为高级

★ 愚园路街景

★ 中山公园

住宅一条街。从近现代史来考察这一带，可以寻找到许多名人的踪迹，也可以依照现存的建筑物，发现许多体现出上海地方特色的建筑风格，所以在这条路上积淀了丰富的历史人文景观，有说不完的老上海故事。

上海孤岛时期，汪伪特务机关设在离愚园路极近的极司菲尔路76号（今万航渡路435号）。汪伪特务机关的特工头目，如丁墨邨、李士群、吴四宝等，都在愚园路的支弄内筑巢。这一带又被特称为"沪西"。那个时候，提起"沪

★ 汪伪特务机关原址现为上海市逸夫职业技术学校

西"这一带，会令人不寒而栗。当时，国民党的军统、中统与汪伪特务机关在这里大"斗法"。进入76号，很少有人能全身而退。

1927年大革命失败后，中共中央政治局机关从武汉迁至上海。根据当事人郑超麟的回忆，是瞿秋白嘱他租一幢小洋房居住，因为中央准备待叶挺、贺龙军队攻下广东后再从上海迁往广州，而留他在上海做中央驻沪办事处主任，形成一个永久性的联络各埠的机关。郑超麟就租下了兆丰公园东边的愚园路亨昌里418号（今34号）。这幢洋房建筑面积136平方米，房屋楼下前客堂是会客室，后客堂为餐厅，家具布置极为朴素。由于后来政治形势发生变化，中央迁广州的事情渺茫，这屋子就做了党报编辑部兼宣传部，但除了编辑一份党报之外，很少做其他宣传工作。当时，郑超麟主张另出一份刊物替代已停刊的《向导》，得到了瞿秋白的同意，刊名就用"布尔塞维克"。《布尔塞维克》是24开，每期有不署名的社论，有署名的论文，还有读者来信或追悼亡者的文字。每星期天开编辑会议，互相审查写好的文章，分配下期的文章。瞿秋白在其中拥有双重身份，既代表编委参加中央常委，又代表常委向编委做报告，社论一般都是瞿秋白写的。最初，编委会由瞿秋白、罗亦农、邓中夏、王若飞与郑超麟5人组成，瞿秋白为主任。后来，编委会又增加了蔡和森、张太雷、毛泽东、周恩来、恽代英、任弼时、李富春等21人。根据郑超麟的回忆，编辑委员会还曾有湖南来的曹典琦、谢觉哉和广东来的罗绮园参加。

在1927年10月至1928年12月这一年多的时间里，《布尔塞维克》编辑部一直都在亨昌里418号。《布尔塞维克》刊物共延续了近5年的时间，共出版了52期，其中在亨昌里的一年多中出版了31期。

陈独秀以"撒翁"为笔名，在《布尔塞维克》第1至第19期上连续发表以《寸铁》为题的短文。瞿秋白曾为《布尔塞维克》先后撰稿并发表了50多篇社论、评论和理论性文章。蔡和森、恽代英、周恩来、李维汉、李立三、罗登贤、刘少奇、张闻天、陆定一、谢觉哉、张太雷、王若飞、郑超麟等中共高级干部也在刊物上发表过大量文章。

★《布尔塞维克》

★《布尔塞维克》编辑部旧址现为长宁区革命文物陈列馆

亨昌里418号既是编辑部，又是党中央领导的活动场地。1927年党中央机关回迁上海后，10月下旬，陈独秀曾到此住了三天，与瞿秋白秘密交谈。当时的临时中央政治局常委罗亦农亦常住在编辑部。1928年4月15日，罗亦农受党中央委托，从编辑部住处去戈登路（今江宁路）爱文义路（今北京西路）望德里接待山东省来中央的代表时因叛徒告密而不幸被捕。为了预防不测，编辑部全体人员暂时撤离，在旅馆住了几天。罗亦农被捕后坚贞不屈，未吐一字，没几天就英勇就义了。编辑部机关安然无恙，党刊继续在这里出版。

1928年12月，《布尔塞维克》编辑部迁往他处。

《布尔塞维克》编辑部旧址尚存。

修德坊，"红色之剑"出鞘

中共中央特科机关旧址

建成时间：约 1920 年代　地址：武定路 930 弄　式样：新式里弄

武定路在新闸路的北面，与新闸路平行，是沪西一条不太引人注目的偏僻马路。武定路930弄的修德坊夹在赫德路（今常德路）和胶州路中间，是一条短小的弄堂。修德坊与武定别墅所在的武定路916弄平行，但武定别墅与大弄堂恒德里相通，如此就显得修德坊更封闭一些。这正符合入住者的要求。还有些小秘密是外人不知道的，即修德坊这条小弄堂看似封闭，实际上弄底的6号（今14号）的北面就通恒德里633弄的弄底。1927年国共正式决裂，中共中央返回上海后就选中了这里，成立中共中央特科机关。

★ 武定路街景

★ 武定别墅

修德坊6号（今武定路930弄14号）是一幢独立建筑，建筑面积计280平方米，坐落在修德坊弄底，有极强的隐蔽性。

1927年11月，为保卫在上海办公的党中央机关，周恩来亲自领导创立了一个不同寻常的机构——中共中央特科，周恩来兼任总负责人，具体工作由顾顺章负责。中央特科下设四个科：一科由洪杨生负责，主要工作是物色适合秘密机关使用的房屋、布置重大会议的场所等总务工作，被认为是"总部"；二科由陈赓负责，主要工作是搜集各类情报，了解对敌斗争的各种动向并向中央汇报；三科由顾顺章兼任科长，是在原来"红队"的基础上建立的，以铲除叛徒、特务为专职工作；四科科长是李强，这个最后设立的科负责无线电通信工作。

★ 周恩来像

中共中央特科机关较其他中央机关来说，是一个相对固定又非常秘密的地点。在这期间，特科做了无数保卫党中央的工作：为中央提供安全的办公、开会场所；发展内线情报人员，"龙潭三杰"李克农、钱壮飞、胡底就是最突出的代表，鲍君甫（别名杨登瀛）、黄慕兰等也在这一时期发挥了不可替代的作用，有着杰出的贡献；惩罚叛徒，如霍家新夫妇、白鑫等，都得到了应有的惩罚；营救被捕同志，如任弼时、关向应等都是由特科通过内线人员努力而获释的；建立无线电通信，1929年秋我党第一座秘密电台在福康里正式建立，开始主要是方便与共产国际联系，后来又为方便与苏区联系，还在四成里秘密办了无线电训练班，为党的无线电通信事业做出了巨大贡献，红军长征时能够顺利突出重围，从

★ 中共中央特科机关旧址（修德坊 14 号）

上海带去的那套密码发挥了极大的作用。

党的六大以后，党中央的数次重要会议都是在上海召开的。1929年6月召开的党的六届二中全会是在爱文义路（今北京西路）一条高级里弄的一幢洋房内召开的（具体地址尚未查清）；1930年9月24日至28日召开的党的六届三中全会的会址则在麦

★ 中共中央特科机关旧址外观

特赫斯脱路（今泰兴路）。修德坊6号作为中共中央特科机关，也召开过中共中央会议。1931年1月7日，这里召开了党的六届四中全会。会期1天，约15个小时。到会的有向忠发、周恩来、瞿秋白、关向应、罗登贤、徐锡根、李维汉、任弼时、贺昌、余飞、顾顺章、温裕成、王克全、罗章龙、陈郁、史文彬、张金保、王凤飞、陈云、周秀珠、徐兰芝、袁炳辉、王明、沈泽民、王稼祥、陈原道、韩连会、何孟雄、徐畏三、沈先定、顾作霖、夏曦、肖道德、邱泮林、秦邦宪、柯庆施、袁乃祥，另有康生等二人做记录。在这次会上，共产国际代表米夫直接插手中国共产党领导层的内部事

务，扶植王明进入中央最高领导层，埋下了党内不和谐的种子，引发了一系列问题。王明等利用这次会议取得了党中央的领导权，开始了长达数年之久的 "左"倾机会主义路线，对党的事业造成了非常恶劣的影响。

1931年4月24日，顾顺章在武汉被捕后叛变，对在上海的中共中央机关造成了直接威胁。对于武定路的修德坊来说，更是灾难深重。由于顾顺章本人就是特科负责人之一，他的一家长期生活于秘密机关，了解我党许多机密和领导同志的情况，所以除了弃用武定路的修德坊外，中央还采取非常手段，以保证中共中央机关组织的安全。在陈云等的协助下，周恩来几天几夜不眠不休，紧张调度，抢在敌人行动前，迅速妥善地保卫了党中央和江苏省委机关的安全，力挽狂澜。

中共中央特科机关旧址尚存。

柏德里，小弄堂里的"中央办公厅"

中共中央政治局联络点遗址

建成时间：1920 年代　地址：石门一路 316—336 弄　式样：旧式里弄

柏德里在昔日的同孚路（今石门一路）上。此路是英美租界早期越界修筑的道路之一，始筑于1869年（清同治八年），"同孚路"是它的第一个名字。随着20世纪10年代长浜的填埋筑路，同孚路与法租界的圣母院路（今瑞金一路）相连通，带来了很大的商机。1917年，同孚路改称"晏芝路"（Yates Road）。晏芝为美国传教士。此时，晏芝路已经被划入公共租界许多年，路两旁的商店及里弄住宅逐步兴起。20世纪20年代，上海正值建房高潮，此地作为中心城区，当然也不例外，许多大产业者看中这里，纷纷前来划地造房。今南京西路口的兴业太古汇，前身为"颜料大王"奚鹤年兴建的拥有111幢石库门房子的著名里弄大中里，后来的南京西路新华书店就设在其位于南京西路的弄口，对面更有著名的夏令匹克大戏院（后为新华电影院）。在晏芝路的东北面不远处有一家宝隆医院，现为长征医院，其创办者德国人柏德也在晏芝路购买了6亩地，兴建了57幢石库门，取名柏德里（今石门一路316—336弄）。

南京西路将石门路一分为二，以南为石门一路，以北为石门二路（原卡德路），上海的第一条有轨电车（1908年）就经过这里，说明当时此地已呈繁华景象。

1927年武汉"七一五"反革命政变之后，国共两党正式

★ 今石门一路上的同孚大楼依然
沿用旧名

★ 兴业太古汇

★ 南京西路街景

决裂，中共中央机关于当年秋季回到上海。中央机关工作地点的选址是刚刚回到上海还没站稳脚跟的中国共产党人遇到的一大难题。除了考虑安全，还要考虑交通方便、信息传递快等因素。因为中国共产党诞生时期的许多机关都设在法租界，而国共合作时期，国共两党有时在同一处办公，所以此次中国共产党再返上海，就更倾向于选择公共租界。周恩来还提出了"秘密机关社会化"的设想：在设立党的机关时要用工厂、商店、学校等企事业单位的形象做掩护，同时注意让在党的机关中工作的人员扮成不同类型的家庭，用各种各样的合情合理合法的保护伞，来避开敌人的视线。

同孚路柏德里700号（今石门一路336弄9号）的一幢两楼两底的石库门被选为中共中央政治局联络点，也被称为"中央办公厅"。

当时，处理机关的日常事务的总负责人是周恩来，担任中共中央秘书长工作的邓小平参与协助工作，他们经常在柏德里处理中央各部门的大事。机关中的事务性问题由邓小平处理；中央各部门、各地区来请示问题，如要人、要经费、汇报工作和请示中央，由周恩来处理，能当场解决的就当场解决，不能当场解决的重大问题就提交到政治局会议上去讨论决定。

按照地下工作的要求，中共中央政治局联络点也以住家的形式作为掩护。彭述之夫妇、黄玠然夫人杨庆兰、陈赓夫人王根英、法国留学生白载昆都以房东或房客的身份居住在里面。在柏德里工作期间，邓小平和张锡瑗结了婚。

当时，亨昌里《布尔塞维克》编辑部的稿件由黄玠然送到柏德里700号，通过中央的审核后，再通过内部交通转送给毛泽民，由他主管的印刷厂印刷。

1928年4月，中共中央政治局迁往云南路。

柏德里今已不存。

★中共中央政治局联络点遗址（柏德里700号）（历史照片）

春晖里，白色恐怖下恢复红色出版

协盛印刷所遗址、李克农旧居遗址

建成时间：1911 年　　地址：安庆路 409 弄　　式样：旧式里弄

老北站的南面至苏州河之间的上海老闸北地区，在20世纪二三十年代属于公共租界的西区。这片地区中东西横贯着数条马路，从北到南依次为安庆路（旧称"爱而近路"）、海宁路、塘沽路（旧称"文监师路""篷路"）、七浦路和天潼路，林立着许许多多20世纪前后的石库门建筑，散发着最"上海"的生活气息。也有许多显赫人物置业于此，比如：李鸿章家族曾在塘沽路有产业，海派书画大师吴昌硕也在山西北路吉庆里安家。该地区最东的河南北路，旧称"铁马路"，因为中国第一条铁路吴淞铁路就是在这里诞生的。这里的文化教育设施比比皆是：1904年设立的工部局华童公学

★ 老闸北一带的石库门现在大多已经拆毁

★ 山西大戏院（历史照片）

★ 山西大戏院遗址

在克能海路（今康乐路）上，俄国人投资的山西大戏院在吉庆里的对面，另外，商务印书馆、西泠印社等都曾在这里办公。

春晖里在安庆路409弄，建于1911年，东面是山西北路，西面是康乐路，北面是海宁路。春晖里的东面有一条贯通安庆路和海宁路的大弄堂——福寿里；春晖里也通海宁路，只是要向西拐一下，借一段鑫德里才行。

1927年11月初，党中央急调毛泽民重返白色恐怖下的上海，恢复党的出版发行工作。他与郑超麟、彭礼和、倪忧天

★ 安庆路街景

等人组成了中央出版委员会。毛泽民1923年曾在上海的南市创立了上海书店，他十分熟悉上海的情况，又有很丰富的出版发行经验，所以很快地看中了爱而近路的春晖里，建起了协盛印刷所这个党组织有史以来最大的印刷机构，秘密印刷中共中央机关刊物《布尔塞维克》和党内刊物《中央通讯》。毛泽民根据地下斗争的需要，对外化名为杨杰，以印刷公司老板的身份为掩护。为了保证党中央的机关刊物和革命书籍能够安全送到读者手里，他们曾用《中国文化史》《中国古史考》《平民》等书的封面来做伪装封面，甚至还用过国民党机关刊物《中央半月刊》的封面。

在协盛印刷所运作期间，毛简青曾参与过一些工作。毛简青早年与李达有交往。1913年，毛简青与李达同期留学日本，直至1920年先后回国，其间同时接触了马克思主义的学说。毛简青有着较强的翻译功底，李达在阅读、翻译外文书籍的过程中遇到难题时，总要找毛简青磋商讨论一番。1920年，李达与陈独秀共同在上海成立共产主义小组；1921年，李达参与中国共产党第一次全国代表大会的筹备工作，同年7月出席中共一大，被选为党中央宣传部主任；1922年，党的二大以后，李达任湖南省自修大学校长，毛简青常去自修大学看望李达并听他讲学；1924年5月毛简青去黄埔军校前夕，李达特地来到他的住所与之彻夜长谈；1927年大革命失败后，毛简青正在上海党中央和中国互济会工作。

这期间，毛简青与日共中央也有工作上的联系。日共中央的工作地点就在他家隔壁，因暴露而累及他。当时，他正在为周恩来翻译日共中央的密件。他为人比较机警，刚得知消息即离开家，并吩咐女儿将摆在窗台上作为暗号的花盆搬到室内。毛简青离开不久，警车呼啸而至，荷枪实弹的警察

★ 春晖里弄内（历史照片）

将他的住所包围了，但他们没有查到一件他们所需要的东西，只好封门走人。

毛简青怀揣着密件，来到春晖里。这是他常来常往的地方，厂里的传达室人员和工人都认识他，都知道他是来找楼上的杨经理的。杨经理就是毛泽民。当时，毛泽民的夫人钱希均也住在春晖里，当毛简青向毛泽民汇报工作时，钱希均自觉下楼。毛泽民拿起电话，小声向周恩来通报了情况。周恩来请他转告毛简青，密件非常重要，印后立即送到自己处，并要吴克坚给毛简青另行安排住所。1931年，毛简青被组织派往湘鄂西苏区工作，负责主编《红旗日报》。

何叔衡的女儿何实嗣也在春晖里工作过，并收获了爱情。1928年秋，何实嗣第一次来到上海，人生地不熟。根据组织安排，何实嗣来春晖里工作。毛泽民和她都是湖南同乡，帮她很快地熟悉了这里的工作和生活环境。当时全厂才20多个人，都是地下党员，何实嗣结识了一个上海小伙子，他就是党小组组长杜延庆。工作上的接触使他们渐渐产生了感情。到了1928年冬，协盛印刷所的外送印刷品被租界巡捕发现，工厂随之被封，全体工人被集中关押在一间屋子里。巡捕拿着几张厂里的印刷品，质问

★ 春晖里弄口（历史照片）

化名杨杰的毛泽民，"杨老板"咬定自己只是个想挣钱的普通老板，不懂什么共产党，印这些东西就是为了养活厂里的几十个工人。巡捕给毛泽民戴上手铐，因盘问不出什么名堂，就以"犯法"为由，索要10万元"罚金"。毛泽民随机应变，假装愿意出去设法筹款。在交付了800元后，被暂时释放的毛泽民按照中共中央的指示，一边公开登报出售机器、印刷所，做出准备付罚金的样子以迷惑敌人，一边加紧拆卸印刷设备，隐藏于别处。结果，隔了几天，巡捕来到印刷所，发现一切都毫无影踪，这才知道上了当。实际上，为了救出毛泽民，周恩来原是打算动用巨资的。

印刷所被封后，毛泽民立即疏散全部工人，化整为零，听候上级党组织的下一步安排，何实嗣和杜延庆也就暂时失业了，但他们在协盛印刷所培育的爱情之花最终结出了硕果。

春晖里在后来的岁月里还住过中央特科的重要成员李克农。李克农在上海先后住过武昌路广兴里、安庆路德润坊、保定路永裕里等处。他住在安庆路春辉里时与房东秦某关系搞得火热，因为秦与上海北火车站站长关系密切，经常借其车辆出入。李克农利用这层关系，坐上小汽车为党运送秘密文件。顾顺章被捕叛变后，钱壮飞就是通过李克农这条线将这一消息转告中共中央，使周恩来等人可以采取紧急对策，避免了一场空前的灾难。

春晖里今已不存。

遵义里，隐蔽在十里洋场的"红色堡垒"

中共中央秘书处机关遗址（一）

建成时间：不详　地址：西康路 6 弄、14 弄、24 弄　式样：旧式里弄

小沙渡是上海的一个旧地名，泛指今长寿路东段两侧至苏州河一带地区。苏州河上原来有一个小沙渡渡口(今苏州河西康路桥处)，此地便以此渡口为名。1899年，公共租界最后一次扩张，西扩至这里，筑成小沙渡路（今西康路），一头在苏州河，另一头与静安寺路（今南京西路）形成丁字路口，整条马路呈南北走向。在靠近苏州河的那一头，20世纪前后，大量的资本介入，建造了许多工厂，形成了较大规模的工业区，其中尤以纺织厂居多。1926年，老勃生路（今长寿路）小沙渡路口的道路中央建起了一座钟塔，人称"大自鸣钟"，这就是上海滩的第二处"大自鸣钟"。巧的是，

★ 西康路街景

★ 大自鸣钟

★ 大自鸣钟原址现为综合商场189弄购物中心

法租界公董局的"大自鸣钟"恰好同时谢幕。

遵义里，后名"松寿里"，原有三条弄堂，从南到北为6弄、14弄、24弄，最北的24弄与1929年从卡德路（今石门二路）迁来的培成女校紧邻。

1927年9月，中共中央机关迁回上海，秘书处在小沙渡路遵义里24弄弄底11号的一幢石库门小房子里设油印科。此处当时尚属公共租界。秘书处当时要起草许多中央的重要文件，再用药水把中央文件密印在字画、手绢、线装书的背面，交给负责转送的交通员送出。

遵义里24弄11号还是中央直属支部的活动场所之一，彭湃所在的党小组就在这里活动。彭湃每周都会来这里参加小组会。他们经常以打麻将作为掩护，边打边谈。彭湃喜欢画画，常常在香烟盒子上默默地作画，极有耐心。在小组会上发言时，彭湃讲话难免带有海丰口音，给人留下了深刻的印象。

邓小平也在遵义里24弄11号住过。邓小平和张锡瑗是在上海结的婚。可能因为邓小平是四川人的缘故，婚礼在广西北路224号的聚丰园川菜馆举行。聚丰园的底层只有一个开间，二楼却非常阔大，进深三四间，横向有六七个开间。20世纪六七十年代，此处曾用作民办西藏中路小学的体育馆。邓小平和张锡瑗在莫斯科时就相识，回国后又在一起工作，在工作中相知相爱，最终成为伴侣。婚后半年多的时间里，时任中共中央秘书长的邓小平携妻子张锡瑗，同周恩来、邓颖超夫妇一起，都住在遵义里24弄11号。

1931年6月22日，时任中共中央总书记的向忠发被捕叛变，中共中央决定撤离遵义里。为了证实向忠发是否叛变，周恩来指示特科派人监视自己原来在遵义里的寓所，发现租界巡捕前来用钥匙开门。此处的房门钥匙只有周恩来和邓颖超有，顾顺章叛变后，为了向忠发的安全，就也给他配了一把。这证明向忠发已经叛变。周恩来又通过内线，探听到了向忠发的情况，进一步证实了向忠发确已叛变。如此，遵义里只能弃用。

遵义里今已不存。

★ 遵义里原址现为恒隆广场

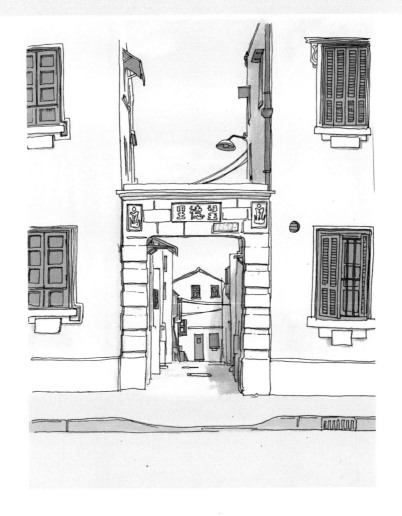

望德里，中央与地方的红色纽带

中共中央秘密联络点遗址

建成时间：1912—1936 年　地址：北京西路 1060 弄　式样：旧式里弄

望德里建于1912年至1936年，位于今北京西路1060弄，为旧式里弄，有两层的石库门21幢，建筑面积1210平方米，占地1.73亩。往东，可走小横弄至戈登路（今江宁路）；往西，与爱文义路（今北京西路）的家福里、荣阳里都有内弄相通，出行十分便捷。20世纪20年代，此地属于公共租界。爱文义路与静安寺路（今南京西路）平行且相邻，闹中取静。当时，公共租界扩张到此已二三十年，此地发展已趋成熟，即便到夜里，高档的饭店、舞厅也灯火通明。这个花花世界自是魅力无穷。

望德里的弄堂不长，但弄堂里的二十多幢石库门房子造得几乎一模一样，外人不易辨认。中共中央秘密联络点就在

★ 北京西路街景

其中的1239号半。1928年初，霍家新、贺稚华夫妇经组织安排，从莫斯科回到上海后即住在望德里看守机关。霍家新又名何家兴，他和妻子贺稚华住在楼下，楼上则是中共组织办公、开会、接头的地方。中共临时中央政治局常委罗亦农当时住在愚园路亨昌里，但这里是他常来批阅文件、接待来访之处。

1928年4月15日上午，罗亦农来到望德里，先是与邓小平接头。邓小平走后，他继续等待中共山东省委代表前来会面。邓小平刚从后门走出，英国巡捕洛克就带人包围了望德里。罗亦农没有一丝害怕，即刻随英国巡捕离开，因为他知道，只有迅速离开才能避免其他同志落入敌手。

邓小平后来回忆道："我去和罗亦农接头，办完事，我刚从后门出去，前门巡捕就进来，罗亦农被捕。我出门后看见前门特科一个扮成擦鞋子的用手悄悄一指，就知道出事了，就差不到一分钟的时间。"

老弄堂石库门的前后门设置使邓小平脱离了险境。

罗亦农被捕实际上是被人出卖，而出卖他的人就是"住机关"的霍家新夫妇。

原来，面对上海的十里洋场，意志稍薄弱者非常容易沉醉其中而不能自拔。霍家新、贺稚华夫妇都留过洋，吃过洋面包，喝过洋墨水，对生活的过度追求使他们的革命意志逐渐消退，不断腐化堕落，终致丧失气节。他们经常不顾自己的身份，出入舞厅、饭店，犯了秘密工作者的大忌，被罗亦农严厉批评后怀恨在心，不愿再做艰苦危险的秘密工作，只期望去外国过纸醉金迷的奢华生活。由于手头缺钱，他们偷偷到公共租界的巡捕房，用自己在国外待过，懂得外语的优势，出卖了罗亦农，并表示还可以提供一份中共在上海的秘密党员的名单和地址，要求是巡捕房给他们提供出国护照、签证和5万元美金。公共租界的英国巡捕洛克大喜过望，一口答应。于是就有了公共租界巡捕房在望德里一带部署密探以抓捕罗亦农的行动。

那天，罗亦农到望德里后，霍家新就以到老虎灶打开水为名，外出报告了巡捕。巡捕来后，当场就捕走了罗亦农，但霍家新、贺稚华夫妇没有被捕走，抽屉中党的文件也没有被抄走。后来，特科的同志去找霍家新、贺稚华，贺稚华还对特科的同志说假话。其实，当时特科早已通过巡捕房内线知道是一个女人告的密，对她已有怀疑，只是装作不知道而已。

这是中共中央机关迁回上海公共租界后遭到的第一次严重破坏。得到消息后，中共中央立即组织了罗亦农营救

★ 望德里弄口（历史照片）

小组，由周恩来负责。周恩来召集特科开紧急会议，着手营救罗亦农，同时将罗亦农愚园路亨昌里寓所中的同志全部撤走。

当时，中共中央本打算使用巨款买通敌人，争取让敌人释放罗亦农。后考虑到罗亦农系由叛徒出卖，他的身份已经暴露，收买营救势难成功，遂决定改用武力劫救。特科得知，罗亦农将从公共租界巡捕房被引渡到国民党淞沪警备司令部龙华看守所，于是准备在路上实施营救。计划是：买口棺材，在棺材里暗藏枪支，营救人员扮作送葬队伍，罗亦农的夫人披麻戴孝，扮作死者家属，走在棺材后面；等到囚车经过时，营救人员就从棺材中取出武器，把罗亦农抢下来。然而，特科一直无法得到引渡的确切时间，也就一直无法实施计划。最后，罗亦农于4月18日被引渡到国民党淞沪警备司令部；4月20日，蒋介石就下达了"就地处决"的命令；次日，罗亦农在龙华枫林桥畔慷慨就义，年仅26岁。

对于叛徒霍家新、贺稚华夫妇，李维汉同志有一段回忆："我和小平共同作出决定，要把他们干掉。在秘书处楼上，我和特科的同志接了头，作了布置。为了使贺稚华、霍家新相信我们对他们没有怀疑，我派人告诉他们，…… 要他们先搬个地方，搬到南京路去暂住。南京路上有许多大铺子，有的底下两个大铺面，中间还有个小号子，楼梯上去，上面是相通的，有几个后门。我们就给他们找了这么个地方，一个小楼梯上去，上面是个客栈。我约他们在那儿见面。去之前，特科作了布置，在楼上派了人，街上也派了人，万一有事，可以掩护我从后面跑掉。我到那儿，他们已经住下了，住的地方很阔气，有个大客厅。见面后，我说了些应付的话，说你们受惊了，还是要躲一下，另外找个房子住，要他们在搬家后把地址告诉某某同志，还给了他们一些钱。因为是我亲自去的，他们就相信组织上没有怀疑他们，所以搬家后就把地址通知了某某同志，而这个人就是特科的人。"（见《李维汉谈罗亦农牺牲前后》，中共湖南省委组织部、宣传部、党史研究室编：《罗亦农诞辰一百周年纪念集》，长沙：湖南人民出版社，2002年：第195页。）

4月25日，陈赓带领特科同志将叛徒霍家新击毙。

望德里今已不存。

★ 望德里原址现为银发大厦

丽云坊，白色恐怖下的英勇斗争

中共中央组织部遗址

建成时间：不详　地址：成都北路741弄　式样：旧式里弄

在北京西路、北成都路（今成都北路）、山海关路、大通路（今大田路）围成的地块中，分布着许多大大小小的弄堂，丽云坊就在其中。这一片是传统的石库门居民区，不仅有菜场、煤栈等生活基本设施，而且交通十分便利，去静安寺路（今南京西路）非常近。丽云坊的弄口在成都北路741弄，弄内套弄，还有一条叫"平安里"的小弄堂。从丽云坊向西，穿过直弄大兴坊，可至大通路，向北有聚兴里，向南可至北京西路。1928年至1931年，丽云坊54号是中共中央组织部办公地。54号就在与平安里平行的小支弄里的第二个门洞，是一幢两层楼的石库门，与大弄隔着80—84号这一排房子。

大革命失败以后，各地与组织失去联系的党员都来上海千方百计地找党中

★ 中共中央组织部遗址（丽云坊54号）（历史照片）

央，需要辨别厘清的情况很多，所以组织部的工作尤为艰巨。周恩来在中共六大以后兼任中央组织部部长，就在丽云坊54号办公。他经常在工作之余同前来找组织的同志谈话，关心他们，帮助他们，给他们分配任务，同时了解各地的情况，逐步恢复中央和地方的组织关系。当时，中央组织部人手很少，只有十来个人。于是，恽代英和沈葆英被党中央调到上海。其中，恽代英接替余泽鸿出任中共中央组织部秘书长，协助周恩来工作。为了保密，机关内的人员对外都是房东、房客的关系：中央组织部组织干事黄玠然和他的夫人、

★ 中共中央组织部遗址纪念油画

中央组织部机关交通员杨庆兰是房东，其他人都是房客。黄玠然化名杨天生，恽代英化名王作林。由于周恩来身兼数职，丽云坊54号内的具体工作大多由恽代英负责。1929年10月后，由于恽代英赴福建等地检查、指导当地党的工作，就

由巡视青岛、满洲工作后回沪的陈潭秋接替恽代英负责处理中央组织部的日常工作。

当时，恽代英的夫人沈葆英担任机关的机要员。由于儿子刚刚出生，沈葆英不得不一边照料小孩一边做好工作，包括用药水抄写文件、管理重要文件。有时，她还要化装成富家的少奶奶、阔太太或扮成普通的妇人，来往于交通路上传递文件。邓颖超是中共中央直属机关的支部书记，经常到丽云坊54号检查保卫工作，楼上楼下都看得很仔细，特别要看窗口的暗号放得对不对，会不会被敌人发觉。她每次都是从天井穿过灶披间走到后门，仔细查看，再三叮嘱。

1931年4月24日顾顺章被捕叛变后，除了恒吉里，其他他所知道的大部分秘密机关都撤退了，中共中央组织部也在此时撤出丽云坊54号。

丽云坊今已不存。

★ 丽云坊原址现为静安雕塑公园，公园内有中共中央组织部遗址纪念碑

永安里，高级员工宿舍中传出革命强音

中共中央联络处旧址、周恩来在沪早期革命活动旧址

建成时间：1925 年　地址：四川北路 1953 弄、1963 弄、1973 弄　式样：新式里弄

广东商人拥入上海，是早于五口通商的。及至19世纪50年代的小刀会，主角几乎都是广东人和福建人，他们在上海近代史上留下了深刻的烙印。进入20世纪，上海市中心建起的商业巨构，如先施百货公司、永安百货公司，无不是广东人留下的杰作，而他们的聚居区则在原来的美租界、后来的公共租界与华界交错的虹口四川北路一带。四川北路旧时称北四川路，南起今苏州河四川路桥，向北一直通到江湾路虹口公园（今鲁迅公园），门牌号在2000个以上，足见此路绵延之长。广东人在北四川路上的影子随处可见，那儿的粤戏院、粤菜馆、粤茶楼都是上海极有特色的好去处。

随着这一带热闹起来，有实力的公司也乐意来此圈地投资。1925年，永安百货公司的老板在今四川北路1953弄至1973弄之间建造了永安里，作为中高级职员的宿舍。永安里已经出了租界，在华界范围内。这是一条规划得十分规整的弄堂，一头通四川北路，有3个弄口，分别为四川北路1953弄、1963弄、1973弄；另一头通多伦路，有四个弄口，分别为多伦路153弄、163弄、173弄、183弄，后三个弄口与四川北路的弄口对应。永安里的建筑是传统的砖木结构，细节处都有小装饰，还带有小花园，在当时算是比较高级的住宅区。

　　1928年，正在亨昌里参与《布尔塞维克》编辑工作的黄玠然接到党组织布置的新任务——在永安里135号建立中共中央联络处，这里将成为党中央开会接头或阅文的机关之一。作为掩护，除了黄玠然夫妇，黄玠然的父母也住了进去。同年秋天，张纪恩和张越霞接替黄玠然夫妇入住永安里135号。张纪恩于1925年在杭州加入中国共产主义青年团，不久即转为党员。1928年7月，他与张越霞从杭州一起赴上海参加党的地下工作，同时组成了小家庭。张纪恩夫妇主要负责油印文件、内部交通以及警戒的工作。那时，从事地下工作没有工资，只有生活费。张纪恩每月可领15枚银元，张越霞可领5枚银元。

★ 永安里弄内

陈独秀、周恩来、李立三、项英、彭湃、罗登贤、李维汉等中央领导人都曾到永安里135号开会、阅读文件、指导工作。特别令人感动的是，中共早期工人运动领袖许白昊在与陈乔年等同时牺牲后，陈独秀忍着丧子之痛，还来这里慰问许白昊的妻子秦怡君。

永安里135号直对着四川北路1973弄，在弄中位置较居

★ 中共中央联络处旧址
（永安里 135 号）

★ 周恩来在沪早期革命活动旧址（永安里44号）

中，临第三条横弄。鲜为人知的是，永安里之中还有一个绝密场所，哪怕是党内的高层领导都很少知道，就在与135号隔着一条弄堂的44号。永安里44号在四川北路1953弄的弄口处，虽与135号隔着一条弄堂，但弄内相通，不过，按照一般的行走习惯，两户的入住者很难相遇。

永安里44号是一个秘密藏身处，不到紧急时刻不能起用，更是少人知晓。一般认为，这个藏身处是在1927年秋冬设置的。当时，永安里44号住着周恩来的堂弟周恩霑一家，周恩来的父亲也在这里居住过。由此猜测，周恩来和邓颖超在1928年至1931年间可能来过这里，但因为是绝密地点，所以肯定不会经常来。1931年4月，中共特科的重量级人物顾顺章叛变，紧接着的6月，向忠发也叛变，形势急转直下，周恩来难以继续在上海领导地下工作，于是，他和邓颖超来到永安里44号，陪着老人和孩子过了一段清闲的日子。1931年12月，周恩来化装后从十六铺码头登上轮船，绕道南方进入苏区。

中共中央联络处旧址、周恩来在沪早期革命活动旧址尚存。

清和坊，市中心的"红色枢纽"

中共中央与中央军委联络点旧址

建成时间：1927 年　地址：浙江中路 108 弄、118 弄、128 弄　式样：旧式里弄清和坊在浙江中路广东路的东北面，总弄有三条，另有东西两条小横弄贯通三条总弄。现存的建筑建于1927年。在历史上，清和坊的名字很早就见诸文字，另有"清和里"见于史料。1927年的清和坊是在原来的清和坊的位置上重新建造的，而清和里的位置则在福州路的北面。新建的清和坊和原来的有所不同：原来的弄堂是通湖北路的，新建时则在湖北路边建了一排街面房，街面房的里面就是清和坊的东横弄。东横弄里当时还设有井台，一如老上海旧里弄的标准配置。井在过去一直供弄内居民使用，夏季，井水冰凉，可沉瓜浮李，是人们消暑的最佳方法；直到20世纪90年代，弄堂里的井才真正被废弃不用，传承多年的市井文化终于中断。

老清和坊完全是风化区。锦江饭店的创始人董竹君年轻时就是被卖入浙江路清和坊中的妓院，那是指老清和坊。而1927年新建的清和坊里，还是有很多人旧风不改，仍然重操旧业，但弄内也开设了新式旅馆，以适应时代的变迁。清和坊地处市中心，人员往来十分复杂，隐蔽在这里倒是有点大隐隐于市的味道。

清和坊重建后不久，浙江中路112号的街面房就被一个老板租了下来。他不仅租了临街店面，还租了楼上的房子。112号的后门就是清和坊第一弄和第二弄间的横弄。这个老

★ 中共中央与中央军委联络点旧址（浙江中路112号）

板可能喜好京戏，一直看他往云南路福州路口天蟾舞台（今天蟾逸夫舞台）的方向去。这个老板就是中共中央秘书长邓小平。

1928年中共六大在莫斯科开会期间，李维汉居住在浙江中路112号二楼，负责留守、主持中央工作。李维汉原来住在静安寺附近，因为每天早上9点要与有关同志在九江路的一家酒楼碰头，来回不方便，就由邓小平在九江路附近找一个住处。邓小平租下了浙江中路112号，二楼给李维汉居住，一楼临街店面则开了一家杂货店，出售一些日用品，以作掩护，以便开展一系列活动。一般来说，邓小平每天上午

9时到此，跟任弼时、李维汉在楼上碰头，商讨处理日常事务，时任中共江苏省委留守负责人的李富春有时也过来。至八九月间，因为接到过流氓敲竹杠的匿名信，为了安全，李维汉撤离此地，由张纪恩与张越霞将北四川路（今四川北路）永安里135号的联络点移到这里，楼下的杂货铺也交给张纪恩经营，邓小平则另租了房子，当了古董店的老板。10月，中共中央在此举行政治局会议，出席会议的有向忠发、蔡和森、李立三、杨殷、李维汉、顾顺章等。在这里，周恩来接待过各地党组织的负责同志，并与他们进行会谈，指导党的工作。

邓小平虽然喜欢看戏，但他去天蟾舞台却是为了工作。中共六大以后，中央政治局机关迁至天蟾舞台隔壁的云南路

★ 正在修缮的天蟾逸夫舞台

★ 中共六大以后党中央政治局机关旧址
（云南中路 171—173 号）

★ 中共六大以后党中央政治局机关旧址（历史照片）

447号（今云南中路171—173号），由在上海担任党中央会计工作的熊瑾玎于1928年春以商人身份租下，成为这个时期一个非常重要的秘密机关。

云南路447号距清和坊只有3分钟左右的步行路程，邓小平经常来往于这两个秘密机关之间，对此地非常熟悉。上海解放后，他来到上海，还特地到云南路447号看看，他晚年时也谈起过这段经历。李维汉八十高龄时也亲自到云南路看过这个机关旧址，并与现住的居民亲切交谈，回忆当年从事地下工作的那段危险经历。

中共中央机关因为其秘密属性，必须不断搬迁，不可在一处长久停留，所以在使用了一段时间后，机关就撤离了清和坊。

中共中央与中央军委联络点旧址尚存。

恒吉里，中央领导看文件的地方

中共中央秘书处机关（阅文处）旧址

建成时间：1920 年代　地址：江宁路 673 弄、685 弄　式样：旧式里弄

恒吉里坐落在戈登路1141弄（今江宁路673弄和685弄）。戈登是英国人，19世纪60年代，他率领的洋枪队和太平天国的军队作战多年。公共租界当局在1900年筑起这条南北向的道路时将戈登的名字作为路名。戈登路从静安寺路（今南京西路）开始，经爱文义路（今北京西路）、新闸路、昌平路、康定路等，一直到苏州河的桥堍。恒吉里在江宁路昌平路的西北角。

恒吉里建于20世纪20年代，实际上不止一条弄堂，江宁路685弄是它的主弄，通673弄西的嘉乐邨和合众里，673弄

★ 中共中央秘书处机关（阅文处）旧址外观

只有4—10号，685弄则从50号一直到92号，弄堂更深长。恒吉里50号在30年代曾是清真寺，大门的门楣上镌刻有"回教堂"三个字，内有礼拜大殿、教长室和讲堂。

1927年，中共中央秘书处在恒吉里10号租下房子，辟为中央领导阅文办公的阅文处，有些会议也在此召开。恒吉里10号为一正两厢三开间的石库门里弄住宅，其正门在江宁路673弄，其后门则通685弄，进出可以非常隐蔽。中共中央秘书处原来已有两个办公处，但各地呈报中央的文件日益增多，需要有一个地方统一存放，于是，周恩来指示租用了恒吉里10号。阅文处由秘书处文书科主任张唯一负责，他对外的身份是木器行老板。一段时间后，文件又堆积如山了。党组织从安全上考虑，将阅文与保管分开，于是文件找地方另存，这里就变成了单纯的阅文处。

到了1931年上半年，阅文处故意换了一个租借人，由秘书处的张纪恩以黄寄慈的化名继续租赁，楼上依然是阅文处，张纪恩和妻子住楼下，另一工作人员扮作女佣，住在亭子间。1931年6月21日，中共中央派来徐冰和浦化人两位地下党员，从阅文处运走两只大木箱的中共中央文件。两天后的凌晨1时，公共租界戈登路巡捕房的中西巡捕突然闯来。张纪恩自称是"小开"，但是巡捕们还是在楼上查出一份共产国际的文件和一份陈绍禹（即王明）写的手稿。如此，不管张纪恩如何声辩，都是无济于事，巡捕房立即逮捕了他和他的妻子。

★ 中共中央秘书处机关（阅文处）旧址（恒吉里 10 号）（历史照片）

当时尚有两位工作人员在阅文处，张纪恩按照事先编好的说法，说住在楼上的是佣人，楼下的是房客，巡捕盘查了一下也就放掉了。临走时，张妻用暗语对"佣人"说自己是冤枉的，拜托她把女儿带好，并请她把自己被捕的消息转告有关"亲戚"。这其实就是让扮作佣人的同志尽快将这里发生的事报告组织。

在被捕时，张纪恩妻子的衣袋里还有一张字条，写着一位同志的联络地址。她和张纪恩是被同一副手铐铐在一起的，张纪恩悄悄提醒了她，于是她就趁巡捕不注意时将小字条放进嘴里吞下肚去。

张纪恩夫妇虽然被捕，但所幸那两大木箱的中共中央文件两天前就运走了。实际上，这和1931年4月顾顺章被捕叛变有极大的关系。顾顺章在武汉被捕叛变后，武汉方面的中统负责人蔡孟坚邀功心切，连夜联系南京，被卧底在中统的"龙潭三杰"之一的钱壮飞察觉。钱壮飞不惜暴露自己的身份，毅然从南京返回上海，传递这个消息，力保中共中央机关及时脱离险境。由于顾顺章原来就是特科负责人之一，知道的底细太多太详细，令周恩来等当时的中共中央领导感到形势紧迫，遂将两大箱中共中央文件及时转移，避免了一场灾难性的后果。此事在时间上虽与隔天向忠发的被捕纯属巧合，但向忠发被捕后确实将恒吉里10号出卖了，这才使张纪恩夫妇隔天就被捕，使用了四年之久的恒吉里也被迫弃用。

张纪恩夫妇被上海戈登路巡捕房关押后，未经审问，隔日就转往闸北浙江路的"特区法院"，又转往南市白云观的国民党侦缉队的拘留所，最后被移送到龙华的淞沪警备司令部。经过审讯，根据《危害民国紧急治罪法》，张纪恩夫妇被课以"窝藏赤匪，隐而不报"的罪名，判五年徒刑，但最后只执行了三分之二的时间。

中共中央秘书处机关（阅文处）旧址尚存。

善庆坊，隐蔽在十里洋场的"红色堡垒"

中共中央秘书处机关遗址（二）

建成时间：1925—1926 年　地址：青海路 19 弄、29 弄、39 弄、49 弄　式样：旧式里弄青海路的善庆坊在南京西路以南、威海路以北，共有4条弄堂，分别为青海路19弄、29弄、39弄、49弄，均为旧式里弄，有二层楼的石库门房屋34幢，建筑面积3344平方米，建于1925年至1926年。

在清咸同年间，此地为水系发达的水乡，南有长浜（填埋后筑为今延安中路），北有石浜（填埋后筑为今吴江路）。租界尚未扩张到此地之时，英国人就在这里越界筑路，把这一带看作自己的"后花园"。1879年，英国商人在静安寺路（今南京西路）侧旁建造专供英国人游乐的乡村俱乐部，即"斜桥总会"。

为什么此地被称为"斜桥"呢？原来此地多河流，19世纪下半叶，为了方便交通，此处造起了一座木桥，因河流不是完全南北走向，所以桥也不是完全东西走向的，看上去就

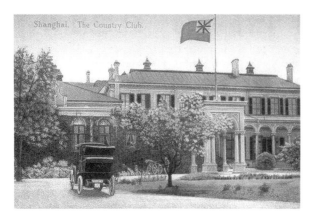

★ 斜桥总会（老明信片）

是斜的，于是被叫作"斜桥"。后来小河被填埋，有人在这里建造住宅，巷弄沿用旧名，称"斜桥弄"，此人就是清末洋务

★ 岳阳医院门诊部

运动的干将盛宣怀，人称"盛宫保"。盛宣怀在清末时于矿业、航运、电报和教育等事业方面都有涉足，发了大财，晚年就居住在斜桥弄中，直到1916年去世为止。盛宣怀家附近住的是昔日的上海道台邵友濂，他家和盛家为姻亲关系。斜桥弄的东端，即与青海路相交处，还有一幢富室豪宅，那便是上海地产巨商周湘云的住宅。周湘云原籍宁波，人称"地产大王"。今天，斜桥弄早已湮没在历史的长河中，但是那座豪宅还存留着，从20世纪50年代中期起为上海市第五公费医疗门诊部，后又改成岳阳医院门诊部。

1927年秋，中共中央各机关重返上海，分别择址设立秘密办公地点。1928年夏，中共中央在青海路善庆坊19弄21号设立秘书

★ 中共中央秘书处机关遗址（善庆坊21号）（历史照片）

处。秘书处是一个由中共中央直接领导的机构，共设文书、内埠交通、外埠交通、会计和翻译等五个科，主要负责收发和保管文件，送达文件、通知、情报，维系中央与各地方组织的联络，护送干部往来，管理党的经费，翻译文件等工作。时任中共中央秘书长的是邓小平。19弄是善庆坊4条弄堂中最北边的，也是最靠近静安寺路的，21号在弄底，是全弄中最为隐蔽的门户。19弄弄口的对面正是周湘云的花园洋房。

善庆坊19弄21号还是中央刊物《每日宣传要点》的写作和印发地，一般随写随印，印刷时间极短，效率很高。当时，负责中央日常工作的周恩来以及李立三、项英经常来这里指导工作并参与起草文件。

此外，随着中共中央机关的逐渐完善，善庆坊19弄21号设立了中央直属机关支部，邓颖超任书记，开过数次直支干事会。来开会的人都按事先的约定，手持显眼的礼物，看上去像是走亲戚，离开时分别走前后门。同时，还创办了中央直属机关刊物《支部生活》，由邓颖超兼任主编。

善庆坊已在市政改造中被拆除，原址现为广电大厦的绿地。

★ 中共中央秘书处机关遗址纪念碑

经远里，军史丰碑地

中共中央军委机关旧址

建成时间：1919 年　地址：新闸路 613 弄　式样：旧式里弄

经远里在新闸路大通路（今大田路）的东南角，弄堂分布呈十字形，有砖木结构的二层房屋37幢，建造于民国八年（1919年）9月，另有称建于1917年，建成后为一般居民住宅。从总体上来看，这一带现存旧居的年份都比黄浦区的里弄旧居要早十来年，因为在20世纪20年代，市中心的建筑一般都有重建，所以新闸路、大田路、山海关路一带的旧居反而年代更久远，建筑的形制更老。

经远里建成后，其中的12号一直由一位徐姓者居住，至1929年2月间，他以房东的名义将二楼租给白鑫夫妇。白鑫

★ 中共中央军委机关旧址（经远里12号）

是湖南常德人，为黄埔军校第四期的学生，早年加入中国共产党，曾和徐向前在红四师一起共过事。广州起义失败后，起义部队在花县改编为中国工农红军第四师（简称"红四师"），白鑫是第十团的团长，徐向前是党代表。在一起工作时，徐向前对白鑫还是比较尊重的，就是看不惯他的作风，发现他对钱和女人特别有谈兴。更让徐向前恼火的是，身为一团之长，白鑫打起仗来却躲躲闪闪、贪生怕死，根本不像个共产党员。徐向前曾向领导反映这样的人不配当团长，但后来不知白鑫通过何种方式，居然混进了高层，1929年初到上海时竟任中共中央军委秘书的要职。

来到上海后，白鑫面对白色恐怖，对革命丧失了信心。此外，白鑫的一个表弟在海陆丰叛变逃跑，被海陆丰根据地负责人彭湃下令处决，白鑫因此深恨彭湃。于是，白鑫通过在南京被服厂当厂长的哥哥，联系上了国民党上海党部情报处长范争波。范争波把白鑫叫到自己在上海的住处——霞飞路（今淮海中路）和蒲石路（今长乐路）之间的和合坊见面，白鑫到来后表示要投靠国民党，主动提出要帮助清除"党国"的心腹大患，并将第一个目标定为彭湃。一场阴谋交易由此达成。

1929年8月24日下午，在经远里12号二楼，时任中共中央政治局委员、中央农委书记兼中共江苏省委军委书记的彭湃，时任中共中央政治局候补委员兼中央军事部长的杨殷，时任中共中央军委委员、江苏省委军委秘书的颜昌颐，时任

★ 彭湃像

中央军委兵士科科长、江苏省委军委委员的邢士贞，时任上海市总工会纠察队副总指挥的张际春，以及白鑫夫妇，一起参加中央军委会议。会议主持人杨殷叫白鑫摆上一桌麻将作掩护，五个人坐四面，边打牌边开会，白鑫负责会议记录。实际上，白鑫事先已向范争波告了密，经远里周围早就布满了各种暗探，只等开会人员到齐，好一网打尽。那一天，中共中央组织部长兼中央军委书记周恩来原定也要参加会议，但因事临时请假不能到会。

会议刚开始没多久，五辆钢甲囚车载着公共租界工部局巡捕、密探闯进经远里并包围了12号。党组织安排在经远里弄口放哨的同志急忙来通知，但所有通道都堵住了，只能眼睁睁地看着巡捕们将参加会议的人全部抓走。叛徒白鑫夫妇

★ 彭湃在经远里被捕（中共中央军委机关旧址外墙油画）

也被一并带走，但这只是做戏给人看罢了。

中央特科通过敌特机关内线鲍君甫，很快查明白鑫就是叛徒。当晚，周恩来主持紧急会议，通过了营救战友和制裁叛徒的决定。在鲍君甫提供了彭湃等被捕后坚贞不屈的情况，以及他们从公共租界工部局巡捕房分别被引渡至国民党上海市警察局和淞沪警备司令部的时间表后，组织决定派出特科所有行动人员在半途拦截营救。8月28日清晨，在囚车出动前，特科人员已经伪装成各种路人在半路埋伏好，但没想到枪支久未使用，枪支上的润滑油没有擦去，只能马上去找煤油擦枪，耽误了时间，眼睁睁地看着囚车远去。三天以后，彭湃、杨殷、颜昌颐、邢士贞四人在淞沪警备司令部英勇牺牲。

制裁叛徒的过程十分艰难。白鑫深居简出，很少露面，并且一直由国民党特务严密保护。同时，他准备离沪出国，乘船前往意大利躲避。寻找白鑫的行踪与藏身地点成了当时特科人员最主要的任务。

其实，九十月间，白鑫一直躲在法租界霞飞路和合坊的范争波公馆。霞飞路和合坊在法租界新渔阳里的斜对面，弄堂的南北两端分别通霞飞路和蒲石路，是一条直通通的弄堂。和合坊43号就是范争波的公馆。鲍君甫利用自己中央调查科驻沪特派员的特殊身份，亲自到范公馆打探，了解范公馆的地形，还意外得知了白鑫打算在11月11日乘船出国的消息。为了防止白鑫逃脱，陈赓让特科派人在和合坊3弄27号3楼租房住下，时刻监视白鑫。

★ 和合坊

1929年11月11日下午，陈赓亲自指挥十多名"红队"队员化装成各种身份的人物，分别到和合坊一带潜伏下来，另在和合坊的弄堂口与27号3楼布置了两处火力点作为掩护。为了确认白鑫的动态，鲍君甫提了点心盒，去范争波公馆假装为白鑫送行，得知白鑫仍按原计划于当晚出发。于是，特科按计划准备好行动。

当晚，范争波公馆的门开了，只见范争波等特务簇拥着白鑫一起走出来。一番送别寒暄之后，白鑫向范争波拱手作别，正要钻进接他的别克轿车，说时迟，那时快，公馆前面的拐角处突然飞也似的驶来一辆同样的黑色轿车，"嘎"的一声停下来，车门一开，里边跳下三个人，同时扬起右手，"啪啪啪"三声清脆的枪响打破了深夜的宁静。那范争波还未明白过来是怎么回事，眼前的白鑫就已经倒在地上一命呜呼了。范争波赶紧叫人动手，但为时已晚，三名英勇的特科队员早就迅速跳上车，消失在夜幕之中了。

中共中央军委机关旧址尚存。

福康里，小楼里传出"永不消逝的电波"

中共中央第一座无线电台遗址

建成时间：1920 年代　地址：延安西路 420 弄　式样：旧式里弄

福康里在大西路（今延安西路）和静安寺路（今南京西路）之间，即今镇宁路圆明讲堂（当时尚无此路，亦无此堂）边上美丽园大酒店的位置，正好出了沪西的公共租界，属华界。虽然在华界，但因租界当局大肆越界筑路，在路边建造了大量的西式楼房，加之西捕经常出现，往往让人感觉仍身在租界。这一带一直称"美丽园"，但真正的美丽园实际上是大西路对面的那片花园住宅，即今上海戏剧学院所在的位置。

福康里有三排石库门建筑，但最南面一排是街面房，真正在弄堂里的只有前两排，第一排是1至6号，第二排是7至10号。其中，9号在直弄最西后端，相对隐蔽。整条弄堂是

★ 美丽园大酒店

★ 上海戏剧学院

在20世纪20年代末建成的，当时周围尚有大片菜地，是比较冷僻的地方。

1929年秋，中共中央建成我党的第一座秘密电台，地址就选在福康里9号这幢三层的石库门房子里。其实，早在1928年10月，为了联系全国被敌人封锁、分割的革命力量，加强对各地党组织与工农红军的领导，党中央迫切希望可以使用现代化的通信工具——无线电台。当时，中共中央政治局常委、中央组织部部长、中央军事部部长周恩来在三马路（今汉口路）惠中旅馆一楼的一个房间里约谈张沈川，要求他尽快学会无线电通信技术。周恩来问了他一些很细的问题，如在什么地方念书、参加过哪些政治活动等，张沈川都一一作了回答。随后，周恩来代表组织上郑重向张沈川宣布，党要派他去学习无线电通信技术，要他先找到学习场所，然后向组织上汇报。

同时，周恩来将研制无线电台的工作交给了中央特科通讯科科长李强。在接到组织交给自己的任务后，李强即以无线电业余爱好者的身份，与经营美国无线电器材的亚美公司、大华公司的商人们热络起来，通过这些朋友购买到了所需的零件和材料以及无线电知识方面的书刊，开始自学试装无线电台。李强是学土木工程出身的，他凭着自己在英语、数学、物理方面的扎实基础，经过刻苦钻研，终于在1929年春末成功地组装出第一台无线电收发报机。

这期间，张沈川看到了上海无线电学校的招生广告，便去报考，入学后才知道其实是国民党第六军电台在招生。他向组织汇报后，组织同意他留下学习。他很快就学会了收发报技术，还抄下了第六军电台的军用密码表交给组织。于是，组织上决定开始自己培训无线电通信技术人员，先后参加学习的有黄尚英、王子纲、伍云甫、曾三、曾华伦、刘光慧、赵荫祥、浦秋潮等。有了机务和报务的双重保障，在福康里9号建立第一座秘密电台就水到渠成了。

为了掩人耳目，房子的一楼布置成客厅，摆着桌、椅、沙发，墙上还挂有字画，另配有电扇、电炉等夏、冬用品。从苏联回国的北京女师大学生蒲秋潮与张沈川扮作假夫妻"住机关"。整个机关俨然是一个富裕的家庭。

第一部地下无线电台建立起来时功率只有50瓦，李强和张沈川连着几晚用业余无线电台的呼号试着呼叫，得到了其他业余电台的回答，电台运转顺利。这时，黄尚英搬进了秘密机关。他在上海青年会无线电夜校学过收发报，但没有实际经验。为了练熟通信技术，他在一楼装置了一个简单的设备，练习通报。

1929年年底，李强与黄尚英带着自制的电台和自编的密码，从上海来到香港，在九龙建立了第二个秘密无线电台。1930年，上海、香港通报成功，经香港电台的转递，在上海的党中央和在江西的中央苏区开通了无线电联系，有力地促进了革命事业的发展。

福康里9号被租下时，其左邻8号是空房，这对秘密机关来说比较便利。但不久，一些妓女看中了8号，专门在此接待英国兵。有时，英国兵会找错门牌，找到9号，这成为一个安全隐患。另一方面，发报机的功率只有50瓦，和九龙通报时声音很小，而用100瓦的发报机则会因电压不稳而导致邻居各家电灯闪跳，惹得邻居叫骂不断。所以，另找合适的台址成了当务之急。1930年5月中旬，秘密电台迁入万国公墓边上的赫德路（今常德路）福得坊，福康里9号的秘密机关随之撤离。

福康里今已不存。

★ 中共中央第一座无线电台遗址纪念碑

四成里，"听风者"训练营

中共中央早期无线电训练班旧址

建成时间：1930 年　地址：巨鹿路 391 弄　式样：新式里弄

四成里位于巨籁达路（今巨鹿路391弄），夹在今陕西南路与茂名南路之间，是法租界最后一次西扩后十几年才建造的新式里弄房。可能是限于地块条件，这条弄堂的布局与一般的上海弄堂相比有些特别：弄堂几乎没有进深，迎面就是一扇石库门的大黑门，右拐才是真正的弄堂。弄内右边住宅的门牌号为1至8号，都是沿巨籁达路街面房的后门，左边的房子才算是真正在弄堂里的。但是，四成里和上海其他的弄堂一样，弄中还套着小弄堂。

四成里的弄口对着巨籁达路，马路对面就是明德里的弄堂口，从明德里的长弄可以径直通到福熙路（今延安中

★ 巨鹿路街景

路），马路对面就是公共租界。所以，四成里虽然坐落在法租界内，但可以通过明德里，迅速而又隐秘地进入公共租界。

1927年国共决裂后，中共中央回到上海，由公开转入地下。为了强化信息交流，建立无线电通信站这个远比交通员更迅速、更安全的信息转递体系变得迫在眉睫。中央从两个方面加强这一工作：一方面，经共产国际同意，挑选已在苏联的莫斯科中国劳动者中山大学和莫斯科东方劳动者共产主义大学学习的部分留学生参加国际无线电训练班。这些学生白天照常上课，晚上秘密学习无线电通信技术。上课的苏联老师规定了每分钟的收抄数，还要求学生学会自己制作电容器、变压器等技能。学员有来自保加利亚、德国、英国、捷克、匈牙利等国的10人，再加5个中国人。另一方面，在国内，党组织在地下工作者中寻找可以培养的好苗子。两方面的工作同时展开，成果很快就得到体现。

1929年春，第一台自制收发报机在李强手上诞生。为了培养一批掌握无线电收发报技术的干部，同年秋季，由最先掌握该技术的李强、张沈川担任教员，初步教会了黄尚英、伍云甫、曾三等人无线电收发技术，同时在沪西的福康里9号建立了党的第一个秘密无线电台。1930年4月，参加国际无线电训练班的同志结业回沪，使中共中央建立无线电通信系统的设想得以真正实现。

1930年9月，在四成里12号，也就是弄口迎面的石库门，开办了党的第一个无线电训练班，共招收了16个学员。整个训练班由中央特科负责人顾顺章领导，实际负责人是李强，他教机务，张沈川教报务，吴克坚负责行政财务，方仲如教电学兼管学员生活和政治学习，国际无线电训练班的毛齐华、陈宝礼、涂作潮等人也担任教学工作。

★ 中共中央早期无线电训练班旧址（四成里 12 号）（历史照片）

为了掩人耳目，四成里12号门口挂出了"上海福利电器公司工厂"的牌子，学员平时穿工作服，自称工人，教职员对外则称经理或工程技术人员。出于安全需要，学员平时不能随便外出，对外联系必须通过组织，并在三楼窗口放置安全暗号。但是，这个上海福利电器公司工厂内既不见电器原料进入，也不见产品出厂，更听不到轰鸣的机器声。这些反常现象引起了法租界巡捕的注意。1930年11月初，经常有陌生人前来打探，虽然都被打发了，但大家还是感到心里不踏实，便先将这里的相关文件和报纸书籍转移出去。1930年12月17日，训练班如常上课时，突然冲进了一群巡捕，将整幢房子中的20名教师与学员全部逮捕。学员石光机智地撤走了三楼的暗号代表物品，使在外人员避免落入险境。被捕的这20人受尽了敌人的威胁引诱和严刑拷打，但都没有泄露党的任何机密。最后，这20人都被判了有期徒刑，其中陈宝礼、麦建平、谢小康、张庆福4人不幸病逝在狱中，其他人出狱后都继续投入革命洪流。

四成里出事的那天上午，李强、曾三、宋濂等人正在楼下讨论技术问题，张沈川则照常在楼上上课。午时，李强、曾三、宋濂去近处的毛齐华家吃饭。饭后，宋濂去对面四成里取信纸，没多久便慌慌张张地回来说三楼的信号变了，大家便分头出去探察。四成里看弄堂的老人连忙拦住了他们，叫他们不要去，并告诉他们工厂里的20多人刚才已全部上了一辆警车，被捉去了。李强他们立即赶到张沈川位于古拔路（今富民路）的住所，把文件全部销毁，然后通知其他同志转移驻地。过了一段时间，他们派人去四成里侦察，发现已无留守者，便给了看弄堂的老人5块钱，揭下门上的封条，把里面的电器设备、小型发电机和其他物资装上汽车运走了。

四成里12号除了开办无线电训练班，和共产国际的特工也有交集。

★ 四成里弄内

1930年秋，德国共产党员乌尔苏拉·汉布尔格和她的丈夫罗尔夫通过南满铁路到达大连，再转乘轮船来到上海，与先期抵达的共产国际情报员瓦尔特汇合，然后暂居上海，等待上级分配任务。罗尔夫在上海谋得了一个体面的职位，因此他们夫妇俩常常被邀请去参加各种上流社会的活动。汉布尔格虽然对此不满，但她深知，作为一个地下工作者，需要以此做掩护。后来，汉布尔格在一家电报公司找到了一份比较轻松的工作，并通过公司老板结识了美国女作家史沫特莱。两人一见如故，立刻成为无话不谈的好朋友。

此时，汉布尔格家对面正是四成里12号，她凭着职业敏感，看出了这是一处秘密工作地点。当瓦尔特来找她，问她是否愿意帮中国同志做些事情时，她愉快地答应了。由此，汉布尔格认识了中共特科通讯科负责人李强。李强和汉布尔格交流了许多电讯知识，汉布尔格则用自己仅有的电讯知识帮助李强他们编写教材并根据自己的理解传授发报常识。

汉布尔格曾通过史沫特莱联系到了共产国际的特工理查德·佐尔格。佐尔格第一次拜访汉布尔格是在1930年11月，那时她还住在四成里对面瓦尔特的家里。初次会面时，汉布尔格不知道佐尔格是谁。佐尔格听说汉布尔格与中共有联系，便提醒汉布尔格可能会遇到极大的危险，劝汉布尔格再好好考虑一下。但汉布尔格仍然坚持，佐尔格便提议自己和中共领导人会面时她只提供房间，而不参与谈话。

双方的会面在四成里出事后仍在继续。1931年4月，中央特科负责人顾顺章叛变后，周恩来首先调整了中央特科的领导班子。李强因为长期与顾顺章一起工作而无法再搞地下工作，只能离沪赴苏；陈云负责特科工作，由康生辅佐。陈云兼一科科长，潘汉年任二科科长，康生兼三科科长。潘汉年向佐尔格小组通告了这一情况。这一时期，化名赵容的康生经常出入佐尔格家，康生留过学，且在苏联接受过政治保卫的训练，常常和佐尔格闭门长谈。汉布尔格对行动科第一组组长李士英印象最深，他经常随康生与共产国际的情报组织联络，一来二去，便和汉布尔格熟悉起来。

汉布尔格还为李士英他们惩治叛徒出过力。

王斌叛变后得到敌特赏识和重用，被任命为淞沪警备司令部督察员兼行动组组长。特科行动队（"红队"）第一组组长李士英得到任务——务必除掉王斌，但李士英小组的成员谁都不认识王斌。汉布尔格无意中解决了这个难题。她到南京路一家著名的照相馆去冲洗胶卷，偶然发现橱窗内挂着一张淞沪警备司令部成员的集体照。她想，身为淞沪警备司令部督察员兼行动组组长的王斌一定就在其中。于是，她走进照相馆，找到老板，以法兰克福报社记者的名义要求老板将这张照片加印放大，说是准备在报上刊登，结果如愿以偿。李士英他们根据汉布尔格提供的照片，摸清了叛徒的行踪规律，终于完成了铲除叛徒的任务。

中共中央早期无线电训练班旧址尚存。

祥康里，油墨飘香传递党的光亮

中共中央秘密印刷厂旧址

建成时间：1924—1936 年　地址：新昌路 87 弄、119 弄　式样：新式里弄

祥康里坐落在梅白克路（今新昌路）上。梅白克路南接静安寺路（今南京西路），北至新闸路，是一条不太起眼的小马路。但是，因其南面这一头正好在跑马厅附近，有好事者将原跑马厅范围内的坟地墓道上的石翁仲移至静安寺路梅白克路的转角处，引来了一批善男信女点香祭拜，再加上大光明大戏院、卡尔登剧场等都在附近，所以此处成了闹中取静的好地方。20世纪30年代初，梅白克路的静安寺路至白克路（今凤阳路）段的路西建造了一片高级里弄房子，就是祥康里。

★ 祥康里的街面房

祥康里在梅白克路上有四个弄口，沿路有一排朝东的街面房，这种朝向的建筑不太符合上海人的居住习惯，所以都开了小商店，而弄内一排排整齐的花园洋房则是朝南的。当时，这种成片的花园洋房住宅建筑在公共租界跑马厅附近尚属少见。

30年代初，静安寺路这一段在上海建筑史上留下了浓墨重彩的一笔。当时正是匈牙利建筑师邬达克的创作巅峰期，除了重建大光明大戏院外，他还在四行储蓄会的力邀下设计了国际饭店。这里整天机声隆隆，就是一个大工地。

1931年初，中共中央派出版发行部经理毛泽民与钱之光在齐物浦路元兴里（今周家嘴路998弄146—148号）筹建中共中央秘密印刷厂。1931年4月和6月，中共中央内部出了两件大事，即顾顺章和向忠发先后被捕叛变。这两人原先在党

★ 大光明电影院

★ 国际饭店

内都身居高位，对中共的秘密机关了如指掌，所以秘密机关的迁移和地下工作者的转移都迫在眉睫。当时，领导中共中央秘密印刷厂工作的毛泽民奉命到广东省委工作，实际负责人钱之光、瞿云白等人也转移出元兴里，为印刷厂寻找新的地点。

不久，钱之光等人发现了祥康里。这里是新造的，还无人住过，意味着将来邻居之间都不知底细，这非常有利于秘密工作的开展。于是，他们相中了梅白克路99号这幢三层楼房。临街的底层，钱之光开了一家烟杂店，二楼住人，三楼为排字、印刷、装订的生产车间，一些印刷工人也住在此地。但是，搬迁印刷厂谈何容易，要把笨重的机器搬到三楼本身就很难，还要不让人察觉，这就难上加难了。为此，钱之光等人动足脑筋，想了很多办法。首先，他们将机器拆开装箱，分散转运，经过多个地下站点运到祥康里，再组装起来；众多的铅字也是装箱，甚至用藤篮提着，运达目的地。

钱之光除了烟杂店老板的身份，还有一重身份——二房东。整楼以他的名义租下，他再转租部分给他人。这样，哪怕哪天印刷厂出了事，大家都有推脱的余地。这也是地下工作者惯用的掩护方法。

在市中心开印刷厂，钱之光他们的胆量绝对够大。不过，当时周围的特殊情况也为他们提供了有利条件，国际饭店施工的嘈杂声很好地掩盖了印刷厂机器的声音。在极其艰苦的环境下，印刷厂克服重重困难，印刷了党的许多文件、

★ 中共中央秘密印刷厂旧址（新昌路 99 号）

报刊和各种宣传材料，为党的宣传工作做出了巨大的贡献。

　　1932年夏天，祥康里的印刷厂附近出现了几个可疑分子，组织决定暂停此处的印刷工作。钱之光马上疏散人员，撤离此地。

　　中共中央秘密印刷厂旧址尚存。

慈德里，为了忘却的记念

东方旅社遗址

建成时间：1915年　地址：浙江中路219弄、229弄　式样：旧式里弄慈德里的东方旅社在老上海的小花园地区。初时，小花园地区花木扶疏，别墅隐约；随着上海人口的急剧增长，小花园地区不久便沦为市井闹市和风化场所。慈德里在三马路（今汉口路）以南、浙江中路以西、广西北路以东，是旧式里弄。东方旅社在浙江中路三马路的转角处，是上海最早的现代旅馆之一。上海旅馆业的前期形式主要是客栈，大安栈、长发栈、长春栈等都是人们来沪暂住的首选；至20世纪20年代，大东旅社、东亚旅馆等一批新型现代旅馆崛起。其间承前启后的就是东方旅社等旅馆。

东方旅社于1923年由张毅的久记营造厂承包建设。张毅（1883—1936），字效良，南汇人，祖祖辈辈都是做木工的。他于1899年开办久记营造厂，曾被选为上海水木公所董事长。在承接东方旅社建设工程前后，"久记"还承接了中汇大厦、大上海电影院、广慈医院等重大项目的建设，1926年又参与翻造豫园九曲桥和城隍庙大殿，甚至曾为上海海关大楼、沙逊大厦、南京中山陵等重大工程供应材料。东方旅社的老板徐孟园是江苏无锡人，后来又在上海的西藏中路上合资创办了规模更大的东方饭店（今上海市工人文化宫），曾被推举为上海市旅馆业同业公会理事长。

东方旅社有4层楼，大门开在路口的转角处，门牌号码为汉口路613号。东方旅社虽然名为旅社，但实际上具备西式设备，算是中西合璧式旅馆。旅社有110间房间，并有大厅，除了住宿，兼有餐饮，中西餐都能应付自如，是当时很受欢迎的时髦场所。

20世纪20年代末至30年代初，中共组织经常在东方旅社开会、活动，这引起了租界当局军警的注意。1931年1月17日，上海的各级党组织为贯彻中央全会精神，分头秘密开会，东方旅社31号房间内也正在召开会议。不料，消息走漏，旅社竟被军警包围，李云卿、林育南、苏铁、柔石、冯铿、殷夫、胡也频、刘后春（即彭砚耕）8位同志当场被捕。狡猾的军警继续在此埋伏，又抓捕了更多的共产党员。

"东方旅社事件"中，先后有23名共产党员被抓。2月7日夜，在龙华的国民党淞沪警备司令部的刑场上，这23名共产党员被秘密杀害。这些烈士都是中国共产党的重要干部，他们的牺牲是中国共产党的巨大损失。这23名烈士中，李求实、柔石、殷夫、胡也频、冯铿等5人是"左联"的成员，鲁迅先生为此写下了《为了忘却的记

★ "左联"五烈士纪念雕像

念》这篇悲愤的文字。

　　东方旅社一直经营至21世纪初，才在旧城改造中随慈德里一起被拆除。

★ 慈德里原址已建成住宅楼，东方旅社原址现为水果店

惠民里，刘少奇的上海岁月

刘少奇旧居

建成时间：1900 年代　地址：北京东路 526 弄　式样：旧式里弄

北京东路528号是一幢砖木结构的假三层沿街住宅，坐北朝南，属惠民里。惠民里不长，始建于1900年，总共有3栋建筑，建筑面积328平方米。惠民里的门牌号为北京东路526弄，弄口不宽。弄堂的北面是著名的苏州河；从惠民里稍往西，就能踏上苏州河上的福建路桥。福建路旧称"石路"或"闸路"，是上海最早的水泥路。惠民里东面，靠山西南路处也有一座人行桥，通向北边的闸北。这一带是较早划入英租界的，里弄的形制偏旧，如厦门路的老石库门、南无锡路的旧弄堂，都是尚存的上海开埠后早期的建筑，从中都能找

★ 北京东路街景

★ 刘少奇旧居外观

到老上海的影子。

1931年秋，刘少奇从莫斯科回到上海，就住在惠民里今北京东路528号的楼上。当时，他任中共临时中央职工部部长、中华全国总工会组织部部长，兼中华全国总工会党团书记。在这里，刘少奇写了《加紧领导工人的自发斗争》《在

★ 中共中央机关办公地遗址现为上海物资大厦

目前反帝运动中赤色工会应努力的工作》《批评"退出黄色工会"的策略》《1931年职工运动的总结》等许多文章，在总结过去工会斗争、指导开展工人运动的同时与党内"左"倾盲动主义进行了必要的斗争。

惠民里一带不太引人注意，早期也有中共中央的重要机关入驻，如山西南路344号在1929年夏至1930年底是中共中央机关办公地。当时，这栋坐东朝西的两层砖木沿街住宅外挂着"荣丰号"的招牌，对外声称做证券、股票生意。"住机关"的是顾玉良和妻子沈恩珍，符合周恩来对"住机关"的工作人员的要求，即必须是夫妇，要与公开身份保持一致。时任中央领导的向忠发、李维汉、任弼时、关向应、邓中夏、罗登贤、邓小平都来过此地开会或谈话，而管理财务的"熊老板"熊瑾玎则几乎天天都到这里来上班。从这里到云南路和浙江路的中共中央秘密机关，步行在十几分钟内，非常方便。

刘少奇在1920年来上海时住新渔阳里，五卅运动时也在上海全程参与并领导运动，后一度赴天津、北平、哈尔滨等地工作，但这并不影响他对上海街道里弄的熟悉，惠民里一带对刘少奇来说也不会太陌生。

1931年4月和6月，顾顺章、向忠发相继被捕叛变，周恩来在上海的处境越来越危险，只能在虹口的永安里等备用秘密据点隐蔽，至1931年底，乘坐南下轮船离开上海，转道进入苏区。同时，中共中央也撤向苏区。1932年，刘少奇也离开了惠民里。

刘少奇旧居尚存。

斯盛里，毛氏兄弟落难上海

毛岸英、毛岸青暂居地遗址

建成时间：约 1900 年代　地址：牯岭路 51 弄　式样：旧式里弄

斯盛里在上海市中心的牯岭路上。这是条小马路，就算是老上海人，知道的也不多。牯岭路东接西藏中路，西至黄河路，在白克路（今凤阳路）的北面且与其平行。牯岭路虽处市中心，离南京路很近，但并不十分引人注目，只有较早时候在上海做生意的人才会找到这里，用较低的租金获得同样方便的出脚。斯盛里的南面就是新世界游乐场，东面是宁波同乡会的一幢西式大楼。20世纪20年代前后，汪氏叔侄的亚东图书馆因为顶不住广东路高昂租金的压力，不顾陈独秀、胡适的反对，迁到牯岭路，继续出版事业。

斯盛里在牯岭路51弄，是一条袖珍横弄，但与上海的大

★ 牯岭路街景

多数弄堂一样四通八达，其直弄除了通西藏中路559弄的咸德里和长沙路外，向南还通今凤阳路100弄的珊家园。

斯盛里这个弄名应当与20世纪初活跃在上海建筑业的浦东川沙人杨斯盛有关，他被公认为当时营造业的泰斗级人物。他出资办了浦东中学，培养了许多对后世影响很大的人才，范文澜、潘序伦、钱昌照、王淦昌、闻一多等都在浦东中学求过学，胡适在为其作传时称其为"中国第一伟人"。

1933年以后，毛泽东的两个儿子毛岸英和毛岸青曾流落在斯盛里10号达两年之久。杨开慧牺牲后，留下的三个儿子毛岸英、毛岸青和毛岸龙由他们的舅母李崇德从湖南板仓送到上海毛泽民处。1931年3月，毛岸英兄弟被送到大同幼稚园。此时，大同幼稚园已从戈登路（今江宁路）441号迁到陶尔菲司路341号（今南昌路48号），时任大同幼稚园园长的是地下工作者董健吾。但毛氏兄弟入园才一个月，董健吾就奉周恩来之命，跟随顾顺章护送沈泽民和张国焘到大别山鄂豫皖根据地工作。就在董健吾赴汉口执行秘密任务之时，毛岸龙因病医治无效而夭折。

当时，顾顺章任中共中央政治局候补委员和中央特科负责人，此去汉口竟暴露了身份，被捕后做了可耻的叛徒。为防不测，中共上海党组织当机立断，决定立即解散幼稚园，转移全部革命者的子女。毛氏兄弟在沪无亲友，组织上指定董健吾负责收养。经组织同意，毛岸英兄弟在董健吾家住了一段时间后被转移到董的前妻黄慧光家里。此时，兄弟俩的

★ 大同幼稚园旧址

★ 大同幼稚园部分保育员和幼儿合影（中排左一、右一、右二分别为毛岸英、毛岸青、毛岸龙）

生活费由党组织按月提供。随着形势的不断恶化，董健吾奉命辞去牧师职务，生活全靠组织的津贴，但因为组织自身困难，最后还是不得不减发了董健吾的生活津贴，并停止了毛氏兄弟的生活补贴。董健吾为了毛氏兄弟的安全，不断要求前妻搬家。1933年，董健吾与上级失去联系，生活来源中断。黄慧光搬到牯岭路斯盛里10号，和女儿们靠着做纸花送到四大百货公司出售糊口。清苦的日子使毛氏兄弟整天想着要去找二叔毛泽民。他们吃了许多苦，到马路上帮着推黄包车，在烧饼铺干零活，在上海街头流浪。1935年前后，毛氏兄弟先后得病。黄慧光典卖了一些旧衣物，董健吾则将心爱的"派克"金笔送进了当铺，尽全力为兄弟俩求医。幸好附近有一家慈善机构义诊送药，董健吾讨得一些中草药。在黄慧光的悉心护理下，毛氏兄弟绝处逢生，逐渐恢复健康。

1936年，冯雪峰出任中共中央上海办事处副主任，得知毛氏兄弟在董健吾家生活困苦，表示要设法把兄弟俩送到苏联去。

1936年6月底，在董健吾的帮助下，毛岸英和毛岸青乘船经香港，于7月底到达法国，在法国停留了半年后进入苏联。

斯盛里今已不存。

★斯盛里原址现已建成上海雅居乐万豪酒店

合兴坊，小楼里藏着党的"一号机密"

中共中央文库遗址

建成时间：1910 年代　地址：西康路 560 弄　式样：旧式里弄

合兴坊位于小沙渡路（今西康路560弄），在康脑脱路（今康定路）以北，为旧式里弄。此地虽然属于公共租界，但发展起来较晚。康脑脱路是1906年才修筑的，经过小沙渡路，再向西就靠近1899年公共租界最后一次扩张的界线了。

合兴坊建于何时还有待查证，但从同一地块的拥有42栋石库门的大弄堂三星坊建于1912年的情况来看，合兴坊应当也在同一时期前后建成。合兴坊内通中兴邨，穿过中兴邨向北可至陕西北路849弄，向南连通三星坊，可达小沙渡路。这也是一条典型的上海弄堂。

1935年2月，时任中共中央文库负责人的陈为人以高价租下了合兴坊15号这幢两层楼房，作为中央文库。该楼房总

★ 西康路街景

面积约115平方米。

中国共产党成立于上海，中共中央虽然数次迁移他处，但绝大部分时间都驻在上海，至1933年初中共临时中央政治局从上海迁往苏区，12年的时间内积累下了大批的文件和资料，包括党的历次代表大会、中央全会和各种会议的记录、决议，中央给各地各级的指示，共产国际给中共的指示，党的组织、宣传、工运、农运、兵运、红军根据地的文件，以及罗亦农、彭湃等先烈的遗墨等，多达15000余件，共104包（16箱），它们被称作"中央文库"，也是党的"一号机密"。这些文件原来都有备份，但由于各种原因，备份已经被毁，留下的这套文件就显得万分珍贵。

陈为人1920年就加入了社会主义青年团，是第一批被派往苏联莫斯科东方大学的留学生之一。他于1921年加入中国共产党，曾任中共满洲省委书记兼秘书长等职，后赴上海参加中央军委举办的中央军事干部训练班，之后从事党的地下宣传工作。1931年春，他被法租界巡捕房逮捕，在狱中关了近一年。由于他机智应付，使敌人抓不到任何证据。年底，党通过中国互济会营救他出狱，但狱中的生活使他的身心受到了严重的摧残。

1932年下半年，受党的委托，陈为人不顾自身病痛，从张唯一手上接过了负责保管中央文库的艰巨任务，将隐藏在张唯一家的文件秘密搬运至自己家中。从此，陈为人和韩慧英夫妇开始了保护中央文库的工作。当时，地下工作的环境十分恶劣，中央文库在几年内有多次转移。这些既机密又珍贵的历史文件和资料的安全都在陈为人的手上，他暗暗下定决心，一定要好好保护中央文库，一旦有问题无法挽救时，就放火烧毁楼房、焚掉文件，决不能让文件落到敌人手中。

为了安全，陈为人和妻子将文库的文件改抄缩小，把原来写在厚纸上的文件转抄到薄纸上，大字改成小字，再剪下文件四边的空白纸以缩小面积，并编写目录，分门别类地整理归档，最终把20箱档案压缩到6个大皮箱。

1935年2月，因中共中央上海局机关被敌人破坏，韩慧英去联络地点雷米路（今永康路）文安坊6号张老太爷家接头时遇敌被捕。所幸的是，她机智地声称找错了人家，不承认有参与任何政治活动，而且身上也没有任何证据，最后于年底被释出狱。

妻子没在规定的时间内回来，陈为人知道一定是出事了。他的第一反应是安全地火速转移文库。党的秘密条例规定，存放档案的地方必须是单幢房子。于是，陈为人化名张惠高，带着全部文库件和3个年幼的孩子，用30银元的高价租下了小沙渡路合兴坊15号。为了不用找担保人，他只好答应房东先付后住，并且在规定时间内付清房租。

此时，陈为人与党组织已失去联系，断了经费来源。他还得照顾1岁、3岁、5岁的3个孩子，其精神上和物质上的压力可想而知。他只得写信给妻妹韩慧如，要她来上海助力。韩慧如来上海帮陈为人代缴了300元房租，担起了料理家务、照顾孩子的责任，这才使陈为人稍稍松了一口气。

与组织失去联系仍然是陈为人最大的心病。他曾向鲁迅求救，得到了一些资助；也曾去找过何香凝，却被告知她门边有暗探，下次不要再来。幸好韩慧英在1935年底获释出狱，辗转找到了家。于是，韩氏姐妹分别进入学校教书，以此来保证对中央文库的经济支持。通过在校的社会关系，1936年下半年，陈为人和韩慧英终于和党组织重新建立起了联系。在小沙渡路的一个小饭店里，陈为人和徐强第一次接头。遵照组织上的决定，陈为人将中央文库移交给上海地下党情报系统负责人徐强。韩慧如曾带着陈为人的第二个孩子作为掩护，陪着陈为人送4箱文件到今金陵东路的一家人家去。接受文件箱子的是个女人，她当着邻居的面拿出2块银元给了孩子，说"谢谢你们给我保管了箱子，还要给我送来"，将戏演得天衣无缝。

1936年秋，中央文库丝毫无损地交给了徐强。1939年，上海负责领导中央文库工作的徐强及其夫人李云相继调赴延安，刘钊即受命成为第四任中央文库守护者。1940年秋，刘钊奉命调往苏中解放区，在上海领导中央文库工作的吴成芳指派缪谷稔接管保护中央文库的工作。中央文库几经转移，管理者也数易其人。到1949年上海解放时，当时的文库管理者陈来生将全部文件完整地交给了上海市委，这是上海解放后中共地下党移交中央的最高级别档案。中央文库也是后来中共中央档案系统的最高机构。

　　1937年3月13日，陈为人病逝。1945年，党的第七次全国代表大会追认陈为人为革命烈士。

　　1949年9月，党中央接收这批档案时，毛泽东、朱德、刘少奇、周恩来等对大批党的历史文件得以保存感到十分欣慰，有很高的褒奖批语。以后，党的许多重要文件和著作的编写都借助于当时保存下来的那批历史文献。

　　合兴坊今已不存。

★ 合兴坊原址现为联谊·西康大厦

后 记

　　本书应华东师范大学出版社黄诗韵编辑之约而写成。她在书稿的编辑、版式及图片选用等方面做了很多工作，在此深表感谢。

　　从出版业转入研究所工作后，有了许多写作的时间。本书的写作也得到同仁杜文俊研究员、刘长秋研究员的指导和帮助；尤其感谢上海社会科学院的领导王玉梅研究员、叶青教授（现为华东政法大学校长），每当我有新作出版时，他们总是给予我真挚而又热情洋溢的鼓励，在我工作转型时又给予极大帮助。

　　四行仓库抗战纪念馆的马幼炯馆长无私地提供了许多写作素材，没有他的帮助，我不可能如此顺利地完成写作。

　　老朋友闵敏以他的美术专长为本书增色添彩，至为感谢。

作者

2020年3月

图书在版编目(CIP)数据

　　红色弄堂 / 张晓栋著. -- 上海：华东师范大学出
版社，2020
　　ISBN 978-7-5760-0622-3

　　Ⅰ.①红... Ⅱ.①张... Ⅲ.①上海—地方史—近代
Ⅳ.①K295.1

　　中国版本图书馆CIP数据核字(2020)第111287号

红色弄堂

著　　　者　张晓栋
绘　　　图　张文先　封雯婧　樊雪伟
摄　　　影　张先鸿　张晓栋
策划编辑　黄诗韵
责任编辑　黄诗韵
特约审读　叶福林
责任校对　陈　易
装帧设计　闵　敏

出版发行　华东师范大学出版社
社　　　址　上海市中山北路3663号　邮编 200062
网　　　址　www.ecnupress.com.cn
电　　　话　021-60821666　行政传真 021-62572105
客服电话　021-62865537　门市（邮购）电话 021-62869887
地　　　址　上海市中山北路3663号华东师范大学校内先锋路口
网　　　店　http://hdsdcbs.tmall.com

印　刷　者　上海昌鑫龙印务有限公司
开　　　本　787×1092　16开
印　　　张　13.25
插　　　页　1
字　　　数　108千字
版　　　次　2020年7月第1版
印　　　次　2021年4月第3次
书　　　号　ISBN 978-7-5760-0622-3
定　　　价　68.00 元

出　版　人　王　焰

（如发现本版图书有印订质量问题，请寄回本社客服中心调换或电话021-62865537联系）